MEMORIA FOTOGRÁFICA

Técnicas de Memoria Básicas y Avanzadas para Mejorar la Memoria

-

Reglas Mnemotécnicas y Estrategias para Mejorar la Memorización

EDOARDO
ZELONI MAGELLI

MEMORIA FOTOGRÁFICA

ISBN: 978-1-80111-638-1 – Julio 2020 – Versión original: Memoria Fotografica: Tecniche di Memoria di Base e Avanzate per Migliorare la Memoria - Tecniche Mnemoniche e Strategie per Migliorare la Memorizzazione (Agosto 2019)

Autor: Psicólogo, Empresario y Consultor Edoardo Zeloni Magelli, nacido en Prato en 1984.En 2010, poco después de graduarse en Psicología del Trabajo y de las Organizaciones, lanzó su primera compañía startup. Como empresario él es el CEO de Zeloni Corporation, una compañía de formación especializada en ciencias mentales aplicadas a los negocios. Su compañía es un punto de referencia para cualquiera que quiera realizar una idea o un proyecto. Como científico de la mente, él es el padre de la Psicología Primordial y ayuda a las personas a empoderar sus mentes en el menor tiempo posible. Un amante de la música y del deporte.

UPGRADE YOUR MIND → zelonimagelli.com

UPGRADE YOUR BUSINESS → zeloni.eu

ÍNDICE

"La memoria es el tesoro y el guardián de todas las cosas"

MARCUS TULLIUS CICERO

Introducción

Los historiadores remontan la memoria a los días de Aristóteles 2,000 años atrás. En realidad, fue Aristóteles el primero en intentar comprender la memoria cuando afirmó que los seres humanos nacen como una pizarra en blanco. Esto significa que todo lo que conocemos solo lo aprendemos después de nacer. En cierto modo, tenía razón, ya que la mayor parte de lo que aprendemos y recordamos sucede durante el transcurso de nuestra vida.

Este libro no solo está destinado a convertirse en una guía para principiantes, sino también en uno de los libros más completos sobre cómo mejorar la memoria fotográfica.

Mientras que la mayoría de los libros en el mercado se enfocan en las técnicas básicas o avanzadas, *Memoria Fotográfica* analiza la estrategia de ambas. Además, se discutirán los métodos que puede utilizar en su vida diaria para mejorar su memoria con las tareas cotidianas.

El capítulo 1 es una introducción a su memoria. Debe poder comprender qué es, cómo funciona y cuáles son sus partes antes de poder finalmente entender una parte de su memoria. En este capítulo se va a discutir el proceso de memoria y qué cosas pueden interferir con ésta. Aparte de eso, podrá identificar varios tipos de memoria antes de acceder a la principal, que es la memoria fotográfica.

El capítulo 2 se enfoca en por qué quisiera mejorar su memoria fotográfica. Después de todo, si va invertir su tiempo y energía en aprender todas las técnicas básicas y avanzadas relacionadas, usted debería conocer los beneficios de mejorar su memoria fotográfica. Por ejemplo, ¿qué puede hacer por su rendimiento académico?

El capítulo 3 analiza los cambios en el estilo de vida que pueda requerir para hacer el mayor esfuerzo en mejorar su memoria. Uno de los tópicos que discutiré en este capítulo es la importancia de hacer ejercicio y dormir lo suficiente para tener una mente saludable. También verá cómo comer de forma saludable y tomar suplementos ayudará a mejorar su función cerebral.

Además de esto, debe observar su nivel de estrés. Se estará preguntando, ¿qué relación tiene el estrés con la memoria? Algunas personas dicen que lo primero puede ser bueno para lo segundo, pero otras creen que el estrés puede afectar la memoria de forma negativa, especialmente si se vuelve crónico.

El capítulo 4 analiza lo que las personas consideran como como la base o la técnica más importante para construir su memoria fotográfica: el *Palacio de la Memoria*. Esto también se conoce como su palacio de la mente o el método loci. Si ha realizado una investigación previa sobre el tema, probablemente se consiga con términos similares relacionados a él. Sin embargo, por el bien de este libro, me referiré a él como el palacio de la memoria

En este capítulo no solo aprenderá sobre el palacio de la memoria, sino que también será capaz de configurar su primer palacio de la memoria a medida que veamos cada etapa. Luego, podrá descubrir si puede tener más de un palacio de la memoria.

En el capítulo 5 se va a discutir el *Ojo de la Mente*. Lo más probable es que si ha estado investigando como mejorar su memoria o algún tema relacionado, conoce el concepto del ojo de la mente. Sin embargo, en cuanto a la memoria se refiere, ¿qué significa esto? Además, ¿qué información importante necesita saber para asegurarse de que el ojo de su mente funciona correctamente? Después de todo, esta es una parte importante de su memoria, por lo que debe garantizar que sea lo más clara posible. De lo contrario, puede tener dificultad para utilizarlo. Un aspecto específico sobre el que aprenderá es cómo observar y tomarse el tiempo para escribir la información que mantendrá su mente alerta.

El capítulo 6 gira en torno a los *Mapas Mentales*. Este es un capítulo importante porque muchos principiantes usualmente confunden el palacio de la memoria y el mapeo mental. Aun cuando encuentre similitudes entre estos dos, también tienen muchas diferencias. En este capítulo, lo guiaré hacia la forma correcta para crear su propio mapa mental con la información necesaria.

Quizás descubra que disfruta del mapeo mental más que de crear un palacio de la mente. Sin embargo, ambos son extremadamente importantes para que aprenda y practique a medida que mejora su memoria.

El capítulo 7 trata sobre la *Mnemotecnia*. La mnemotecnia es un conjunto de métodos y estrategias para desarrollar y cultivar el uso de las facultades mnemotécnicas. Esta es otra técnica importante cuando se trata de mejorar su memoria. Aun así, no solo aprenderá sobre cómo realizar una regla mnemotécnica. También aprenderá los tres principios fundamentales que van de la mano con la mnemotecnia, como ubicación, imaginación y asociación. También entenderá que tipos de reglas mnemotécnicas existen. A lo largo de este capítulo, usted descubrirá cuál regla mnemotécnica es su favorita y en cuales tendrá que trabajar un poco más.

El capítulo 8 describirá una variedad de lo que muchas personas consideran las técnicas de memoria más fáciles de utilizar. Por supuesto, es importante conocer dos factores cuando se trata de técnicas que considerará como fáciles. En primer lugar, la mayoría de las técnicas parecerán un poco difíciles al comienzo. Sin embargo, una vez que la practique un par de veces o más, comenzará a darse cuenta de lo fáciles que son. En segundo lugar, el nivel de facilidad desde el inicio usualmente depende de su personalidad. El hecho de que alguien diga que los *Ganchos de la Memoria* es una de las técnicas más fáciles no significa que es la adecuada para usted. Por lo tanto, no debe desanimarse si siente que esta es una técnica más difícil que las técnicas avanzadas en el capítulo siguiente.

La memorización también será un tema central del capítulo 8. Además de aprender sobre el *Principio de la Observación,* por qué escribir la información es importante, y el *Método Chunking,* recibirá consejos sobre cómo ayudarlo a memorizar de manera eficiente la información. Si bien no todas las técnicas se concentran en la memorización, la mayoría lo hacen. Debido a que algunas personas tienen dificultades para la memorización, he sentido la necesidad de incluir algunas técnicas para ayudarlo a alcanzar el mayor éxito con la memorización. En algunos métodos que discutiremos con qué frecuencia debe escuchar grabaciones o escribir información.

El capítulo 9 se va a enfocar en lo que algunas personas llaman técnicas avanzadas para mejorar su memoria fotográfica. En este capítulo, discutiremos el *Sistema Palabra-Pinza* (Sistema Peg) el *Método del Automóvil,* el *Método Militar,* y cómo memorizar un mazo de cartas.

En alguna oportunidad a todos tenemos dificultad para recordar números y nombres. Por lo tanto, el capítulo 10 se centrará en algunos de los mejores métodos para ayudarnos a hacerlo. Por ejemplo, cuando se trata de nombres, aprenderá que una de las técnicas más populares se llama *Conexión por el Lugar de Encuentro*. Sin embargo, existen otras dos conexiones que son que son las *Conexiones de Carácter* y *Apariencia*. Cuando lea sobre números, aprenderá que puede usar el *Método de Formas Numéricas* y la *Técnica del Viaje*. También debe tener en cuenta que ha leído sobre el método chunking en un capítulo anterior. Es importante recordar que este último también funciona muy bien cuando se trata de memorizar números.

El capítulo 11 no solo le proporcionará consejos para tener un mayor éxito al mejorar su memoria, sino además lo ayudará a aprender sobre la autodisciplina. Existe una variedad de consejos que puede utilizar para mejorar su memoria, como mantenerse enfocado y evitar la procrastinación.

El capítulo 12 es el tipo de sección vista como una sección adicional. Le ofrecerá un par de ejercicios para que pueda practicar algunas de las técnicas, si aún no lo ha hecho al momento de llegar a este capítulo. Sin embargo, una de las mejores partes de este capítulo es que contiene un método extra, el *Método Basado en la Emoción*. Mientras que la mayoría de las técnicas para la memoria fotográfica se enfocan en la memorización, existen algunas técnicas que giran en torno a la emoción. Es importante centrarse en esto porque la emoción es una de las mejores formas en que las personas podrán codificar, almacenar y recordar la información dentro de su banco de memoria. Esta es una técnica adicional que describe una historia ficticia sobre una chica llamada Alessandra. Usted leerá la historia y escribirá las emociones que sitió a lo largo de la historia. Al mismo tiempo, será capaz de prestar atención a cosas como las expresiones faciales a medida que visualiza la historia dentro de su mente como si estuviera viendo una película.

Antes de saltar a lo que necesita aprender sobre su memoria, es importante recordar que debe ser paciente a la hora de emplear algunas de las técnicas. No querrá sentirse abrumado mientras intenta aprender cada una de las técnicas que se encuentra en el libro a medida que lo va leyendo. Nunca debe forzarse a aprender las técnicas para mejorar su memoria ya que esto le dará una visión negativa sobre cuánto trabajo realmente se necesita para hacer eso. En realidad, mejorar su memoria es uno de los pasos más beneficiosos que puede tomar cuando se trata de su salud mental. No solo podrá recordar las cosas de forma más fácil, sino además será capaz de disminuir la probabilidad de adquirir enfermedades cognitivas como la demencia.

Tenga en cuenta que el proceso de aprendizaje debe ser lento y constante a medida que lea el libro. No tiene que aprender las técnicas mientras las lee. En realidad, es mejor leer y comprenderlas antes de intentar realizarlas. Hacer esto lo ayudará a encontrar la forma más práctica para comenzar a mejorar su memoria.

Finalmente, es importante que entienda que su aprendizaje no termina aquí. Puede continuar construyendo su memoria a través de mis próximos dos libros en esta serie. El segundo llamado

Entrenamiento de la Memoria se enfoca en el entrenamiento del cerebro y juegos de memoria. Después de eso debería consultar el tercer libro de la serie *Upgrade Your Memory* que se conoce como *Mejora de la Memoria*. Este último completa el trío y se enfoca en los hábitos saludables que puede emplear en su vida para desarrollar su memoria.

1. Conozca su Memoria

La memoria es uno de los aspectos más importantes de la vida. Nos ayuda a almacenar información, no proporciona un sentido de identidad, y actúa como una biografía de nuestras vidas. Todo lo que sabemos permanece en nuestra memoria, la cual se encuentra alojada en nuestro cerebro. La necesitamos para realizar tareas, así como recordar eventos, lugares, nombres y responsabilidades del trabajo. Si no fuera por nuestra memoria, no seríamos capaces de comunicarnos, saber los nombres de los animales, amigos o familia, e incluso no podríamos realizar tareas cotidianas.

Todos sabemos algo sobre la memoria. Comprendemos lo que hace y lo importante que es. Sabemos que es un sistema extremadamente complejo que los científicos han estudiados por décadas. Su objetivo final es entender cómo y por qué funciona de la forma en que lo hace.

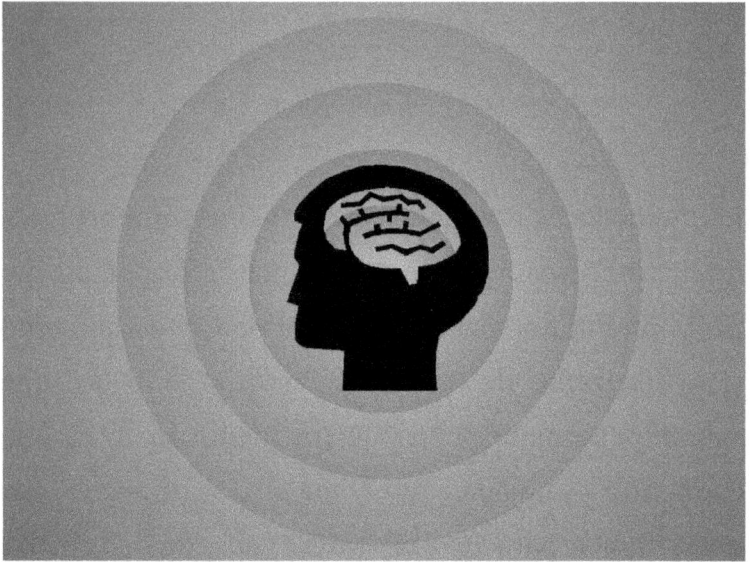

El proceso de la memoria

El proceso de la memoria consiste en tres etapas.

Codificación

La codificación es la primera etapa en términos de procesamiento de memorias. En este punto, la información comienza a dirigirse hacia nuestra memoria, por lo que seremos capaces de recordarla más tarde. Si no está codificada, no tendremos ningún recuerdo de ella. Debido a que la información proviene de nuestra señal sensorial, es transformada a una forma en la que la codificación puede trabajar con ella. Por ejemplo, mientras vemos una palabra en un libro, nuestra memoria la codificará a través del sonido, la visión o el significado. Estas son las únicas tres formas en que se produce la codificación.

Cuando codificamos nueva información en nuestra memoria, la conectamos a algo que ya conocemos. Por ejemplo, si necesita recordar el número 3121, puede cantar los números por la forma en que suenan juntos. También puede encontrar un significado dentro de la lista de números o recordarlos como una imagen. No importa como piense en estos dígitos, usted será capaz de conectar el número 3121 con algo que ya conoce.

Existen otras formas en que nuestros cerebros

codifican los datos. La primera es a través de un proceso automático. Esto significa que no somos conscientes de lo que estamos haciendo. No requiere de ningún esfuerzo de nuestra parte. Los ejemplos de procesamiento automático son detalles como horas o fechas. Además, existe un proceso laborioso el cual ocurre cuando intentamos recordar eventos importantes como estudiar para un examen.

Almacenamiento

El almacenamiento es la segunda etapa del proceso de la memoria, el cual se refiere a cuánto tiempo retenemos una información. Existen varios factores que influenciarán la cantidad de días o años que un detalle puede permanecer en nuestro cerebro. Por un lado, depende de en qué área de nuestra memoria se almacena la información. Las únicas opciones son la memoria a corto plazo, la memoria a largo plazo y la memoria sensorial.

Cuando la información es almacenada en nuestra memoria a corto plazo, proviene de la memoria sensorial. Este tipo está limitada a una cierta cantidad de tiempo. Usualmente solo retenemos la información en la memoria a corto plazo durante aproximadamente un minuto. Usted utiliza la memoria a corto plazo cuando intenta recordar un mensaje para poder escribirlo rápidamente. Existe una cantidad limitada de espacio en nuestra memoria a corto plazo, ya que solo contiene aproximadamente siete piezas de información en promedio.

Por otro lado, no hay un límite cuanto se trata de la memoria a largo plazo. Podemos retener información en esta área por el resto de nuestras vidas. Sin embargo, esto no significa que seamos capaces de recuperar la información todo el tiempo que queramos. La forma en que recupera la información depende del método que haya utilizado mientras la procesaba.

La memoria sensorial contendrá mucha información detallada, pero solo por algunos segundos. Posteriormente, la información se trasladará a la memoria a corto plazo o permanecerá sin procesar. Los otros factores que influyen en el tiempo son nuestra edad, cualquier problema de memoria, la fascinación de los detalles, cómo codificamos la información y el nivel de importancia de la información.

Recuperación

La recuperación es la tercera etapa del procesamiento de la memoria y ocurre cuando extraemos la información del almacenamiento. Intentar recuperar ideas nos permitirá saber si se encuentran dentro de nuestra memoria a corto y largo plazo. Si la información es parte de lo anterior, seremos capaces de recuperarla de la misma forma en que la almacenamos.

Por ejemplo, si recordamos una lista de números en un cierto orden - digamos 21314151 - la recordaríamos exactamente igual. Por otro lado, cuando la información es recuperada de nuestra memoria a largo plazo, se realiza mediante asociación. Puedes pensar en algo por su conexión con una imagen o emoción.

Existen numerosos factores que pueden afectar la etapa de recuperación, como qué otra información se ha almacenado desde entonces y cómo ha guardado esa memoria. Si está tratando de recordar un evento de hace cinco años, por ejemplo, tendrá más dificultades para recuperar la información que algo que tenía en mente hace cinco meses. También podrá recuperar un evento más fácilmente si usa ciertas señales, como el sonido o la imagen.

Existen tres tipos principales de recuperación.

1. Recuerdo Libre

Esto ocurre cuando las personas pueden recordar la información en cualquier orden. Este tipo tiene dos efectos, el *Efecto de Recencia* y el *Efecto Primacía*. El primero tiene lugar cuando una persona piensa en lo último de la lista en lugar de lo que está al principio. Lo contrario de esto es el efecto de primacía, en el que los elementos iniciales son más fáciles de recordar que los que se encuentran al final de la lista.

2. Recuerdo Serial

Los efectos de primacía y recencia también son parte de el recuerdo serial. Esto ocurre cuando recuerda eventos en el orden que sucedieron. Por ejemplo, si va realizar su caminata matutina y ve a un hombre paseando a su perro, un grupo de niños saltando sobre un aspersor y a una mujer cargando las compras del supermercado a su casa, usted recordará esas actividades en ese orden exacto. Probablemente recuerde la información a través de una serie de imágenes que ha codificado en su memoria.

3. Recuerdo por Señales

El recuerdo por señales tiene lugar cuando procesa la información junto con ciertas señales. Se han realizado varios estudios psicológicos para demostrar que las personas que utilizan recuerdos por señales recuerdan mejor la información a medida que el vínculo entre la información y la señal es más fuerte. A menudo lo utilizamos cuando buscamos información que se ha perdido dentro de nuestra memoria.

Interferencia con el Proceso de la Memoria

El proceso de la memoria no siempre ocurre tan bien como esperamos. De hecho, existe una cantidad de interferencias que pueden ocurrir cuando intentamos procesarla y recuperarla.

1. Interferencia Retroactiva

La interferencia retroactiva ocurre cuando aprende algo nuevo justo después de obtener una información diferente. Comúnmente podemos experimentar esto en un salón de clases, ya que pasamos 50 minutos aprendiendo la lección del día.

Comenzamos sintiendo que somos capaces de recordar todo lo que se nos ha enseñado. Sin embargo, cuando termina la clase, no retenemos mucho de lo que escuchamos al principio. La razón es que a medida que continuamos aprendiendo cosas nuevas, la más nueva puede interferir con la información anterior, especialmente si llega en intervalos cortos.

2. Interferencia Proactiva

La interferencia proactiva ocurre cuando tiene problemas para obtener nueva información debido a las cosas que ya están instaladas en su memoria a largo plazo. Usualmente sucede cuando la información que está intentando almacenar es similar a la que aprendió anteriormente. Por ejemplo, está intentando recordar su nueva dirección, pero tiene problemas debido a que su cerebro está acostumbrada a la antigua.

3. Fracaso en la Recuperación

El fracaso de la recuperación ocurre porque la información ha empezado a deteriorarse dentro de su memoria. Es similar a cuando le cuesta recordar cómo preparar una comida porque no la ha cocinado en años o resolviendo un problema algebraico.

Es importante destacar que algunas personas creen que existen cuatro etapas para el procesamiento de la memoria y no tres. Si bien la mayoría está de acuerdo con la codificación, almacenamiento y recuperación como las etapas oficiales, otros dicen que la primera etapa es la atención ("Types of Memory," s.f.).

La información que va a codificar supuestamente necesita ganar primero su atención. Si no ha pasado por esta etapa, no seremos capaces de recordar muchas cosas. Piense en la última vez que oyó algo interesante en comparación con algo no interesante. Lo más probable es que recuerde la primera dado que "ha captado su atención" respecto a la última.

Tipos de Memoria

Ya conoce algunos tipos de memoria: a corto plazo, sensorial y a largo plazo. Sin embargo, estas se dividen en unos subtipos que también debería aprender.

Memoria Sensorial

La memoria sensorial está sujeta a los cinco sentidos: la vista, el oído, el gusto, el olfato y el tacto. Por lo tanto, los subtipos están relacionados con al menos uno de sus sentidos.

1. Memoria Icónica

La memoria icónica es una parte de su memoria visual. Está vinculada a su vista, como ver colores brillantes junto a un fondo negro. A través de los subtipos, los colores se codificarán en su memoria. Por lo tanto, puede recordar las formas y colores de ciertos objetos, pero quizás no su entorno. La memoria icónica nos permite recordar cosas o imágenes vistas incluso por unos momentos.

2. Memoria Háptica

La memoria háptica generalmente dura por algunos segundos. Responde de lo que sentimos, como un pinchazo, un abrazo, etc. Cuando sentimos que algo está frío, por ejemplo, esta es nuestra memoria háptica que se esfuerza por infundir en su cerebro que el hielo está frío.

3. Memoria Ecoica

Cuando nuestra memoria intenta convertir lo que acabamos de escuchar en nuestra memoria de corto plazo, está usando la memoria ecoica. Esta última funciona cuando su mente repite la información mientras intenta recordar un mensaje que quiere anotar. Solo toma de tres a cuatro segundos antes de que la idea pase a nuestra memoria de corto plazo.

Muchas personas sienten que existen otros dos subtipos de memoria sensorial que se relacionan con nuestro sentido del olfato y gusto. El problema es que aún no han sido estudiados. Además, los científicos han comenzado recientemente a estudiar las memorias icónica, háptica y ecoica. Si bien esto significa que se conoce poco sobre los subtipos mencionados anteriormente, sabemos que lo que comienza con nuestra memoria sensorial generalmente se transfiere a nuestra memoria a corto plazo.

Memoria a Corto Plazo

La memoria a corto plazo incluye la memoria de trabajo. Si bien son similares, ya que retienen la información durante un breve período, también existen diferencias entre ambas.

La memoria a corto plazo a menudo utilizará técnicas - por ejemplo, *el Método Chunking* - que le permiten retener más información de lo habitual. En lugar de recordar siete nombres, por ejemplo, podrá recordar 14 nombres porque puede agruparlos. Mientras tanto, la memoria de trabajo es la parte de la memoria a corto plazo que retiene la información a través de un proceso de bucle auditivo o visual. Esto significa que la información se reproducirá continuamente en repetición, por lo que no la olvidará rápidamente. La información dentro de la memoria de trabajo a menudo se manipula, lo que hace que sea más fácil recordarla por algún tiempo.

Existen tres fases dentro de la memoria de trabajo. La primera es el *Bucle Fonológico*, que acabamos de discutir. La segunda fase es la *Agenda Visoespacial*, que generalmente funciona con la primera etapa. Por ejemplo, si necesita recordar un número de teléfono de siete dígitos, lo recordará mejor si además de repetirlo - bucle fonológico - también usa imágenes, que es la agenda visoespacial.

La tercera es *la Fase Central Ejecutiva,* la cual combina el bucle fonológico y la agenda visoespacial en una. En este punto, la memoria de trabajo está conectada a la memoria a largo plazo, considerando que el ejecutivo central transferirá la información a esta última.

Memoria a Largo Plazo

Si desea recordar lo que debe hacer mañana, tiene que almacenar hoy esta información en su memoria a largo plazo. Este es el único tipo de memoria que conservará lo que ha aprendido para siempre. Ahora, la memoria a largo plazo tiene dos subtipos principales.

1. Memoria Implícita

Las personas a menudo se refieren a la memoria implícita como memoria inconsciente. Este tipo se refiere a la actividad que aprendemos a lo largo del tiempo. Por ejemplo, cuando intentamos desarrollar nuestras habilidades, estamos usando nuestra memoria implícita. También funciona cuando comenzamos a hacer algo sin pensarlo, como escribir en un teclado sin tener que mirar las teclas, atar los cordones de los zapatos y lavar los platos.

2. Memoria Explícita

La memoria explícita es comúnmente conocida como la memoria consciente. Esta es la memoria que utilizamos cuando pensamos en nuestras acciones. Esencialmente es lo contrario a la memoria implícita. Este subtipo, sin embargo, está dividida en dos partes.

La primera división es la *Memoria Episódica,* la cual se enfoca en momentos específicos que recuerda. Por ejemplo, puede recordar haber pasado el 4 de julio con sus abuelos cuando era más joven. También puede recordar vívidamente partes del evento, como pararse en la parte trasera de la camioneta roja de su abuelo para ver los fuegos artificiales, comer en una mesa de picnic blanca y ver la granja de sus abuelos. En general, tiene recuerdos del qué, donde, cuándo y quién, todos relacionados a una ocasión en particular. Otro ejemplo de memorias explícitas o de *flashbulb* (cómo lo llaman algunas personas) implica recordar exactamente dónde estaba cuando escuchó que le habían disparado a Martin Luther King Jr. o cuando ocurrieron los ataques del 11 de septiembre de 2001.

La segunda división es la *Memoria Semántica,* la cual se refiere a la recuperación de la información objetiva. Estos últimos generalmente provienen de libros escolares, lugares o conceptos que ha escuchado o visto antes. Los hechos de la vida que hemos aprendido con el tiempo también están codificados en este tipo de memoria. Digamos que puedes recordar qué hacer una vez que vaya al supermercado. Usted sabe que debe recoger los artículos que necesita, pagarlos y salir de la tienda.

Memoria Fotográfica

Un tipo de memoria que las personas no suele discutir es la memoria fotográfica. Imagine ser capaz recordar a una persona, lugar u objeto simplemente porque tiene una imagen de éste en su mente y poder describirlo en detalle. Puede recordar el diseño de la camiseta Double Excess de su amigo, las palabras principales que lee en una página dentro de un libro o incluso las canciones en la lista del DJ en orden.

La *Memoria Eidética,* es a menudo otro nombre para la memoria fotográfica. Sin embargo, hay una distinción entre las dos. La primera se refiere cuando recuerda una imagen después de alejarse de ella. Probablemente haya observado un objeto, como un jarrón, por unos cuantos segundos y luego miró hacia otro lado. Si todavía ve el jarrón dentro de su mente y recuerda sus colores y diseño, esta es su memoria eidética trabajando. Sin embargo, su principal distinción con la memoria fotográfica es que la imagen permanece en su memoria por solo unos segundos. Cuando tiene una memoria fotográfica, puede recordar cosas durante un largo período de tiempo, ya que se almacena en su memoria a largo plazo y no en su memoria sensorial o de corto plazo, que es donde reside la memoria eidética (Beasley, 2018) .

Es importante distinguir ambas y tenerlo en cuenta a lo largo de este libro, así como continuar haciendo su propia investigación sobre la memoria fotográfica. Varias fuentes utilizarán recuerdos eidéticos y fotográficos indistintamente, lo que puede resultar confuso para las personas. Sin embargo, siempre que recuerde sus diferencias, podrá actualizar su memoria con facilidad.

Si bien algunos individuos tienen recuerdos fotográficos más fuertes que otros, no es porque nacieron con un don especial. La razón más realista es que utilizan diferentes técnicas para fortalecer su capacidad de recordar cosas.

2. Beneficios de la Memoria Fotográfica

¿Por qué debería estar interesado en aprender sobre la memoria fotográfica? Después de todo, no es exactamente lo que probablemente piensa que es. Es posible que también sienta que tiene una memoria bastante buena.

Un factor a tener en cuenta - aparte de la variedad de beneficios que discutiremos en este capítulo - es que la memoria se deteriora. A medida que envejecemos, nos costará más recordar nuestros recuerdos de la infancia, lo que necesitamos comprar en el supermercado, por qué hemos entrado en cierta habitación, etc. Entre los mayores beneficios de construir su memoria fotográfica es que usted aprenderá docenas de técnicas para desarrollar su memoria. Esto hará que su cerebro sea más enérgico y capaz de contener más información. Sin mencionar que puede ralentizar el proceso de descomposición natural que puede experimentar nuestra base de datos de memoria.

Tendrá un Mejor Rendimiento Académico

Una de las desventajas de tratar de tener un buen rendimiento en un examen universitario es que tiene una gran cantidad de información para recordar. Sin embargo, la verdad es que a menudo luchamos con la memorización porque estamos demasiado centrados en las palabras y las definiciones. ¿Cuántas veces ha utilizado fichas para recordar lo que significa una palabra determinada? Esta es generalmente una técnica que las personas usan cuando se trata de memorizar. Sin embargo, existen muchas otras técnicas utilizadas para mejorar su memoria fotográfica que le facilitarán esta tarea.

En realidad, la memoria fotográfica ha ayudado a muchas personas a desempeñarse mejor en la escuela; es por eso que otro nombre para este término es "memoria de enciclopedia" ("The Good and Bad Things," s.f.). La razón es que las personas que estudian utilizando las estrategias que les permiten mejorar su memoria fotográfica pueden recordar los detalles que otros estudiantes no pueden.

Además, la memoria fotográfica lo ayudará a aprender diferentes técnicas para recordar lo que está aprendiendo y mantenerlo en su banco de memoria por mucho más tiempo.

Si es o ha sido un estudiante universitario, entiende lo rápido que pueden ser sus clases, especialmente en el verano. En algunas oportunidades, deberá estudiar un capítulo entero o dos de un gran libro de texto dentro de un período de clases. La memoria fotográfica le ayudará a aprender más en menos tiempo.

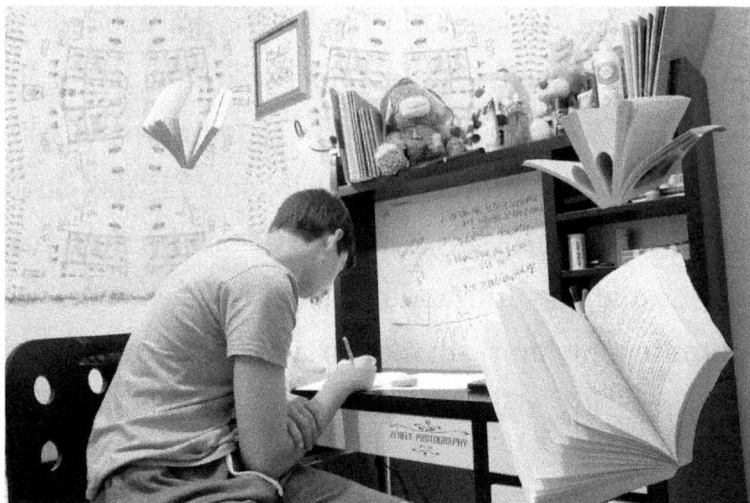

Sin embargo, cuando fortalece su memoria fotográfica, no solo mira imágenes sino que también se enfoca en lo que escucha. Este rasgo es especialmente importante cuando necesita resaltar información o escribir sus notas.

Recordará Información Mucho más Detallada

Cuando se trata de la memoria fotográfica, no importa si intenta pensar en una imagen o una serie de palabras. Lo que importa son las estrategias que lo ayudan a recordarlas.

El factor importante es asegurarse que tiene una buena memoria fotográfica. Mientras mejor sea su memoria fotográfica podrá almacenar una mayor cantidad de información e imágenes en su mente. Piense cuantas veces ha intentado recordar un detalle que ha visto en una fotografía, pero unos minutos después se da cuenta de que no tiene idea de dónde está la lámpara, de qué color es la camisa de una persona o dónde está la ventana. Sin embargo, con una memoria fotográfica, podrá recordar todos estos detalles fácilmente durante un período más largo.

La Memoria Fotográfica Aumenta su Confianza

¿Cómo se siente cuando no puede recordar una información que solía saber? ¿Cómo se siente cuando olvida el nombre de una persona o cuáles son sus intereses? Piense cuando estudió para un examen, pero al momento de tomarlo, no pudo recordar muchas de las cosas que aprendió. Del mismo modo, cuando va al supermercado sin su lista, puede tener dificultades para recordar lo que necesita comprar. Hay muchas características de la vida que tendemos a olvidar, incluida la necesidad de comprar las galletas que nuestros hijos pueden llevar a la escuela o decirles que no estarán en casa hasta la hora de acostarse.

Al igual que cualquier persona, usted ha olvidado algo importante en su vida, que lo ha hecho sentir triste, frustrado o enojado. Mientras intenta decirse a sí mismo que son cosas normales que suceden e intenta seguir adelante, siempre hay una parte que se aferra a su naturaleza olvidadiza a medida que se le olvidan más y más cosas. A veces, incluso puede preguntarse si hay algo mal con usted.

Bueno, es mi turno de decirle que no hay nada malo con usted. Es muy común no lograr recordar varios detalles de nuestra vida en el transcurso de su día, independientemente de cuán importante puedan ser para usted. Puede ser a causa del estrés, falta de sueño, tener muchas cosas que recordar, así como no tener un sistema organizado para esto. Otra razón es que no tiene una buena memoria fotográfica.

Como solo puede recordar aspectos importantes de su vida a través de una memoria fotográfica confiable, esto lo ayudará a incrementar su confianza. Comenzará a sentir que puede recordar lo que necesita decirles a sus hijos o recoger algo en la tienda. También podrá sentir que está siendo más organizado para poder pensar en todo lo que tiene que hacer sin preocuparse por los detalles desordenados o dejar que eso lo mantenga despierto cuando intenta dormir.

Se Volverá más Atento

A menudo nos involucramos en una tarea o comenzamos a pensar sin cesar en ella y no prestamos atención a lo que estamos haciendo. Esto se llama estar en piloto automático, y puede causar muchos problemas dentro de nuestras vidas. Un ejemplo de estar en modo de piloto automático es cuando conduce al trabajo y no recuerda haber pasado ciertos puntos de referencia. Por ejemplo, un pequeño lago o ciudad.

Por otro lado, puede afirmar que está atento cuando exhibe conciencia hacia su entorno. Después de todo, sabe lo que está haciendo y recuerda sus acciones.

Cuando mejora su memoria, necesita estar más consciente de la información que quiere retener. Debe comenzar a prestar más atención a su entorno, así como a lo que está leyendo, sintiendo y escuchando. A medida que está más consciente de su entorno, estará más atento a todo lo que hace. Aun cuando no necesite recordar el evento, estará consciente de lo que está haciendo y porqué, en lugar de hacer las cosas sin un propósito. Ser más atento lo ayudará a llevar una vida más saludable. Será más consciente de qué y cuánto come y cuándo llega a sentirse satisfecho. También tendrá más conciencia de cuántas horas duerme y qué pensamientos le vienen a la mente. A cambio, puede aumentar aún más su autoestima y lograr un mayor éxito porque podrá concentrarse más en las ideas positivas.

Se Convertirá en un Orador Público más Convincente

Muchos de nosotros tenemos trabajos que requieren que hablemos frente al público. Por ejemplo, tiene que presentar un nuevo producto o idea a un comité, capacitar a nuevos empleados, o trabajar en atención al cliente y siempre tiene que hablar con personas desconocidas. Sin importar sea cuál sea su línea de trabajo, comunicarse con docenas de personas puede ser difícil, especialmente cuando necesita ser persuasivo. Si alguna vez ha hablado delante de varias personas dentro de una habitación, sabe que debe mantener el contacto visual tanto como sea posible. Esto significa que no debe sostener el papel que tiene sus notas, mirarlo con frecuencia ni hablar hacia su papel. Si tiene dificultades para hablar en público o parece que no puede recordar su discurso entonces tendrá dificultades con el contacto visual.

Una ventaja de mejorar su memoria es que podrá memorizar mejor sus notas. Puede estudiar y comprender su discurso, por lo que no tiene que pasar mucho tiempo mirando su papel de notas para asegurarse de que está diciendo todo lo que anotó. No tendrá que preocuparse de perder la idea o encontrar las palabras correctas para expresarlas. En lugar de eso, podrá pararse en frente de un grupo de personas y hablar con confianza mientras recuerda los puntos principales de su discurso. Seguramente esto lo ayudará a recordar el resto.

Ahora, la sugerencia anterior no es una indicación de que no debe tener un papel con sus notas en frente de usted. Siendo sinceros, la mayoría de los oradores tienen algún tipo de notas en sus manos. Sin embargo, debe evitar usarlas demasiado para poder mantener el contacto visual con su audiencia y lograr ser más persuasivo.

Tendrá Relaciones Más Profundas

Las personas disfrutan de la compañía de otras que

recuerdan algo sobre ellas. Esto los hace sentir que son importantes para usted. Y usted dedica su tiempo intentando recordar cuáles son sus comidas o películas favoritas, cuántos hijos tienen, si tienen alguna mascota, cuál es su profesión y muchas cosas más. Además, se sentirá más conectado con ellos porque puede recordar cierta información que otras personas pueden no conocer sobre ellos. Esto puede ayudar en cualquier relación, ya sea con su pareja, amigos, parientes o compañeros de trabajo.

Se Volverá Más Productivo

A medida que empieza a mejorar su memoria, puede sentirse más productivo. Si bien parte de esto se debe a que su confianza aumenta, la otra razón es que usa menos energía intentando recordar alguna información.

Cuando buscamos en nuestra base de datos de nuestra memoria, utilizamos parte de nuestra energía diaria. Esto ocasiona que nos sintamos cansados y que no nos enfoquemos porque perdemos nuestro interés y productividad en el proceso.

Piense en cómo comienza a sentirse cerca del final de su día laboral en comparación con lo que sintió al comienzo de su turno. Cuando va a trabajar, se siente con más energía porque su cuerpo y su mente todavía se sienten bien descansados. Siente que está listo para afrontar el día y cumplir todas tus tareas. Sin embargo, a medida que transcurre el día, comienza a disminuir la velocidad y empieza a sentirse más cansado. Esto se debe a que ha utilizado gran parte de su energía diaria para tratar de recordar lo que necesita hacer, cómo hacerlo y cómo resolver un problema.

Cuanto más mejore su memoria fotográfica, más fácil será recordar cierta información para sus tareas. Por lo tanto, cuando llegue el final del día, aún sentirás que puedes enfrentarte al mundo

Otros Beneficios

Hay docenas de beneficios cuando se trata de mejorar su memoria. Si bien no puedo discutirlos todos en este libro, aquí hay una lista de beneficios que obtendrá una vez que mejore su memoria fotográfica.

- Podrá recordar mejor la lista de las compras, lo que hará que sea menos probable que olvide cualquier artículo.

- Podrá recordar el nombre de alguna persona.

- Será capaz de recordar las direcciones mucho más fácil que antes.

- Podrá recordar todas las tareas que debe hacer para completar su día.

- Podrá hacer cálculos más fácilmente.

- Recordará un número telefónico, cuenta

bancaria, PIN y cualquier otra secuencia de número mucho más fácil.

- Será capaz de aprender un idioma extranjero más fácilmente ya que obtendrá una mejor comprensión de sus términos y pronunciaciones.

- Recordará las instrucciones con mayor facilidad.

3. Mejoras en el Estilo de Vida para Su Memoria

Si sabe que tiene hábitos en su estilo de vida que puede cambiar, es más probable que mejore su memoria. Se necesita mucha energía para que su cuerpo funcione durante todo el día. Debido a esto, debe asegurarse de comer bien, dormir lo suficiente y adoptar otros hábitos saludables.

Este capítulo no se trata de asegurarse de que viva la mejor y más saludable vida posible. Se trata de cómo su bienestar afecta su memoria. Esto significa que cuanto mejor se sienta en general, más mejorará su memoria. Algunos de los cambios que se discutirán a continuación pueden ser familiares para usted, lo cual es algo bueno. Estos son los pasos comunes que las personas pueden hacer con el fin de incrementar su memoria.

Hacer Ejercicio

El ejercitarnos no siempre es algo que queremos hacer, pero es necesario para nuestra salud general. A medida que nos ejercitamos, nos comenzamos a sentir mejor mental y físicamente. Esto ayuda a mejorar nuestra memoria y disminuye el riesgo de padecer demencia.

Varios estudios demuestran la importancia del ejercicio para la salud mental. No solo los resultados han demostrado que se incrementa la secreción de proteínas neuroprotectivas, sino además mejora el desarrollo neuronal. Además, un estudio cuyo sujetos tienen una edad alrededor de 19 y 93 años mejoraron el rendimiento de su memoria al utilizar una bicicleta estacionaria por 15 a 20 minutos (Kubala, 2018).

Dormir lo Suficiente

Al igual que el ejercicio, dormir también es importante cuando se trata de nuestra memoria. Como se discutió anteriormente, mientras más alerta se encuentre durante el día, mayor energía tendrá para sus recuerdos. Una buena noche de sueño mantiene su equilibrio psicoemocional y, por supuesto, con niveles bajos de ansiedad y estrés será capaz de recordar mejor.

Dormir bien es muy importante para la mejora de las funciones cognitivas, como el aprendizaje, la atención y concentración. El sueño es esencial para el rendimiento cognitivo y juega un papel importante en el proceso de memorización. Mientras dormimos los rastros amnésicos se mejoran, reactivan y se incorporan en la base de datos de nuestra memoria a largo plazo.

Una de las razones principales por la que los trastornos del sueño afectan la memoria es porque se dificulta la transferencia de recuerdos de la base de datos de memoria a corto plazo a la base de datos de memoria a largo plazo. Cuando duerme lo suficiente, activa las partes del cerebro que conectan el proceso con las células cerebrales. Por lo tanto, cuanto más duerma, más fácil será la transferencia ("Improve Your Memory With a Good Night's Sleep," s.f.). El sueño REM es esencial para la consolidación de la memoria. Se ha demostrado que sin el sueño REM la memoria no se consolida.

Además, nuestro cerebro todavía está activo cuando estamos durmiendo. Mientras descansamos, conecta la información que hemos aprendido de nuestros recuerdos anteriores o más antiguos. A menudo nos da sueños o razones para tener momentos "¡ajá!" al día siguiente. Puede permitirnos resolver problemas con los que hemos estado luchando durante el día.

Comer más Saludable

Una forma de mejorar nuestra función mental es comer de forma más saludable o hacer una "dieta para la memoria". Una de ellas puede ser la Dieta Mediterránea, la cual se sabe mejora la memoria y disminuye el deterioro cognitivo debido a la edad. En su mayoría consiste en frutas, vegetales de la temporada, granos integrales, hierbas, frutos secos, legumbres y aceite de oliva extra virgen prensado en frío. También comerá más pescado y mariscos que carne roja o magra. Sin embargo, deberá comer más pollo o pavo que carne de res y cualquier otra carne roja.

Si es una persona de la tercera edad, es mejor que

implemente la dieta MIND, que significa Intervención de la dieta Mediterránea-DASH para el Retraso Neurodegenerativo y es similar a la dieta Mediterránea. En realidad, varios estudios han demostrado que esta dieta ayuda a reducir los signos de la enfermedad de Alzheimer en un 53% (Alban, 2018). Sin embargo, debe consumir al menos tres porciones de granos enteros al día una y una onza de frutos secos. También debe consumir ensaladas y algún otro plato de vegetales todos los días, así como pollo y frutos del bosque al menos dos veces por semana. Los alimentos que necesita consumir más de una vez por semana incluyen pescado y legumbres.

Tomar Suplementos

Si usted es como la mayoría de las personas, probablemente tiene una vida ocupada. De hecho, quizás puede sentir que no tiene el tiempo suficiente para asegurarse de seguir una dieta específica. Si puede relacionarse con esto, muchas personas aconsejan tomar suplementos para la memoria como aceite de pescado, multivitamínicos y curcumina.

Es importante destacar que las pastillas no deben reemplazar la cantidad de sueño o ejercicio que necesita para el día a día. Aun así debe comer alimentos saludables tanto como sea posible.

Vigilar la Cantidad de Estrés con la que Vive

Lidiar con un poco de estrés es bueno para su memoria. En realidad, el estrés agudo puede mejorarla. Sin embargo, manejar una gran cantidad de estrés crónico va a ocasionar pérdida de memoria.

Es posible que haya notado esto cuando se siente muy estresado. Olvida ir a la cita médica que tenía para sus hijos, asistir a una reunión de negocios, devolver los libros de la biblioteca a tiempo y hacer otras diligencias para completar su día. La mayoría de las personas comienzan a preocuparse por su pérdida de memoria y temen que es un signo temprano de la Enfermedad de Alzheimer o alguna otra condición. Sin embargo, a pesar que siempre es buena idea ir al médico para una revisión de rutina, lo más probable es que esté siendo afectado por el estrés crónico.

Por ejemplo, María es una mujer de 33 años de edad con tres hijos cuyas edades van de 2 a 7 años. Ella y su esposo tienen dos empleos cada uno para poder mantener a su familia, vivir una vida cómoda, ahorrar para la educación universitaria de sus hijos y para su jubilación. María se encuentra constantemente bajo estrés crónico trabajando de 60 a 70 horas a la semana, limpiando, cuidado a los niños, cocinando, asegurándose de pagar las cuentas a tiempo y realizando otras diligencias. Últimamente, se ha dado cuenta de que se le olvida pagar las cuentas a tiempo, llevar a sus hijos a sus citas, transferir el dinero en las cuentas correctas y comprar los artículos esenciales en el supermercado.

Como María tiene miedo de lo que está sucediendo, hace una cita con su médico de atención primaria. Este médico le informa a María que el único problema es que está manejando muchas cosas estresantes a la vez. Para mejorar su memoria, uno de los primeros pasos que debe tomar es soltar algunos de ellos.

Después de hablar con su esposo, deciden que María dejará su trabajo de medio tiempo, lo que le dará de 20 a 30 horas a la semana para cuidar de la familia y la casa. Desde entonces, María se ha dado cuenta de que puede acordarse de hacer todos sus recados nuevamente, pagar sus cuentas a tiempo y asegurarse de que los niños asistan a sus citas correspondientes.

Otras Maneras de Mejorar Su Memoria

• Limitar su consumo del alcohol

- Dejar de fumar

- Meditar

- Mantener su mente estimulada

- Tomar aire fresco

- Mantener un actitud positiva

- Salir y disfrutar su vida

4. El Palacio de la Memoria

El palacio de la memoria también se conoce como *Método de Loci o Palacio de la Mente* (loci es el plural de la palabra en latín locus, que significa "lugar"). Este concepto ha existido desde la antigua Roma y es esencial comprender su significado cuándo se está trabajando para mejorar su memoria fotográfica.

El palacio de la memoria es un lugar imaginario en su mente que está basado en un lugar real. Por ejemplo, usted sabe cómo es su habitación sin necesidad es estar ahí. También puede describir su oficina de trabajo sin tener que estar dentro de ella. Después de todo, puede utilizar las imágenes mentales en su cerebro para conectar lo que necesita recordar.

¿Cómo Funciona el Palacio de la Memoria?

Cuando piense en un palacio de memoria, debe pensar en una construcción de una casa y entender cómo funciona. Puede construir las habitaciones en su casa una por una a medida que vaya necesitando recordar otras tareas, como comprar las cosas para llenarla y construir otras áreas que necesite para completar la semana. Con cada lista, usted construye una nueva habitación en su palacio de la memoria. Cada vez que construya una habitación o agregue información a una ya existente, continúa fortaleciendo su palacio de la memoria. Estos detalles se almacenarán en su palacio y podrá recuperarlos en cualquier momento.

Configurando Tu Palacio de la Memoria

Con el fin de explicar más a fondo cómo debe configurar su palacio de memoria, veamos algunos consejos.

1. Elegir un lugar familiar

En este caso puede elegir cualquier lugar, pero debe asegurarse de recordar cada detalle sobre él. Por ejemplo, si elige la sala de su hogar, debe ser capaz de recordar su forma o dónde se encuentran los diferentes tipos de muebles. Si elige su oficina, debe ser capaz de hacer lo mismo. Siempre es buena idea dar un vistazo a la habitación que ha elegido antes de continuar para asegurarse de que no olvidará ningún detalle que sea esencial para el palacio de su memoria. A pesar de conocer los lugares que vemos a diario, nos podemos olvidar de ciertos objetos porque siempre están ahí. Simplemente no pensamos en ellos muy a menudo, por lo que es posible que no recuerdes su ubicación cuando intente crear su palacio de la mente.

Una vez que sea el momento de recordar su lista, necesita imaginar que se dirige a la ubicación elegida. Si elige la sala de su hogar, por ejemplo, debes imaginar que camina hacia ella, entra a su casa y luego entra a la sala. También puede imaginar que camina desde su habitación, al pasillo y luego a la sala. No quiere crear una escena específica en este paso, solo debe visualizarse caminando a la ubicación que ha elegido.

2. Hacer una lista de las cosas que recuerda

Mientras camina hacia la sala de su hogar, debe recordar todos los objetos que ve mientras lo hace. Por ejemplo, si sale de su habitación y se dirige a la sala, debe imaginar que sale de la habitación gira por el pasillo y hacia su sala de estar. También puede imaginar la puerta que conduce a otras habitaciones, cualquier portarretrato que se encuentre colgado en la pared, así como mesas o muebles que se encuentren en el pasillo. Del mismo modo, puede imaginar partes de la sala de estar que puede ver desde el pasillo, como un acuario de plantas o un reloj en la pared.

3. Designar y asociar

Esto puede ser un poco complicado para algunas personas, pero muchos otros se divierten con esta técnica. Cuando necesite comenzar a diseñar y asociar cosas, significa que tiene elegir los objetos que imagina alrededor de su ubicación y conectarlos con lo que se encuentra en su lista. Lo que tiene que hacer es crear una imagen en su mente de lo que va a recordar. Quiere que se destaque, y la mejor forma de hacer esto es convirtiendo los objetos de su vida cotidiana en algo interesante y loco. ¡Mientras más loco mejor! Por ejemplo, cuando nota una puerta en su pasillo, puede pensar que está hecha de notas adhesivas amarillas, como las de su lista de compras. Puede imaginar la mesa del fondo del pasillo como una cabeza de coliflor porque necesita comprar coliflor en el supermercado. También puede imaginar a los peces nadando en jugo de arándano por un lado y jugo de aloe vera por el otro lado. Deberá asociar cada elemento de su lista con un elemento que haya visto en su ubicación.

Un truco específico que muchas personas no piensan es asociar las cosas que tienen que comprar en orden cronológico. Por ejemplo, si va al centro de la ciudad porque necesita artículos para el hogar y comestibles, elegirá el primero antes que el último. Por lo tanto, usted tiene que asegurarse de imaginar todos los artículos del hogar, preferiblemente en el orden que lo vas a tomar en la tienda, al principio de su ubicación antes de ir a la sección de almacén. Cuando se trata de recordar su lista, será útil recordar el artículo en el mismo orden en que lo colocará en su carrito.

Siempre debe tener en cuenta que la práctica hace al maestro. Es una buena idea, especialmente cuando se está acostumbrando a su palacio de la memoria, escribir la lista en el mismo orden en que recogerá los artículos en la tienda. Luego, lleve la lista cuando vaya de compras. Sin embargo, no la mire a menos que tenga problemas para recordar algunas cosas o necesite verificarla para asegurarse de haber recogido todo antes de pagar.

Puede Tener Más de Un Palacio de la Memoria

A menudo muchas personas se preguntan si pueden tener más de un solo palacio de la memoria. Y la verdad es que si pueden. Sin embargo, cuando está empezando a construir el palacio de la mente es mejor aferrarse a uno solo por un tiempo o hasta que se sienta cómodo transfiriéndose de un palacio a otro.

De hecho, una vez que se sienta 100% cómodo con su primer palacio de la memoria, puede pensar en crear un segundo y luego un tercero, cuarto, sucesivamente. No existen límites de cuantos palacios puede crear siempre y cuando se sienta cómodo con el número y pueda seguir saltando del uno al otro.

¿Cómo funciona la transferencia de un palacio a otro? Básicamente depende de su lista. Cada lista que establece en su palacio de la memoria va a permanecer ahí, especialmente si recuerda la lista de vez en cuando. Dicho esto, no es posible evitar perder el rastro de algunas listas. Por ejemplo, puede olvidar la lista de las compras a medida que esta tiende a cambiar de semana en semana, Sin embargo, siempre puede recordar los otros conjuntos que desea mantener en su memoria, como los nombres de 45 flores o 45 presidentes de los Estados Unidos.

Es importante tener en cuenta que las dos listas mencionadas anteriormente tendrán su propio palacio de memoria. Por ejemplo, comenzará asociando los 45 presidentes a objetos dentro de su oficina. Luego, una vez que lo haya logrado y practicado, y no encuentre problemas con este palacio de la memoria, podrá pasar a la siguiente lista. Cada flor también puede asociarse con un presidente. Digamos, George Washington se compara con una rosa roja, John Adams le parece un girasol y Thomas Jefferson puede convertirse en una lila. Pero esta es otra técnica.

5. El Ojo de la Mente

Conocerá mejor su *Ojo de la Mente* a medida que mejore su memoria fotográfica. Esto se debe a que el ojo de su mente es una parte de su mente que le permite recordar habitaciones, objetos o cualquier otra cosa exactamente como son.

Su definición es poder pensar en lo que no está directamente frente a nosotros (Friedersdorf, 2014). Sin embargo, el ojo de su mente puede hacer más que permitirle ver lo que conoce aun cuando no esté ahí. En realidad, también es capaz de crear imágenes especiales para usted. Por ejemplo, si alguien le dice que imagine un gato violeta con un sombrero de bruja negro balanceándose los cables de la electricidad, usted será capaz de imaginarlo a la perfección.

Uno de los mejores consejos cuando se trata de usar el ojo de su mente es hacer lo que puedas para limitar sus distracciones. Creará una imagen utilizando los cinco sentidos. Por lo tanto, cuando está distraído no será capaz de prestar atención a lo que escucha, huele, siente, saborea o ve. Esto puede causar interrupciones con el ojo de su mente y dificultar la creación de imágenes que puede recordar más tarde.

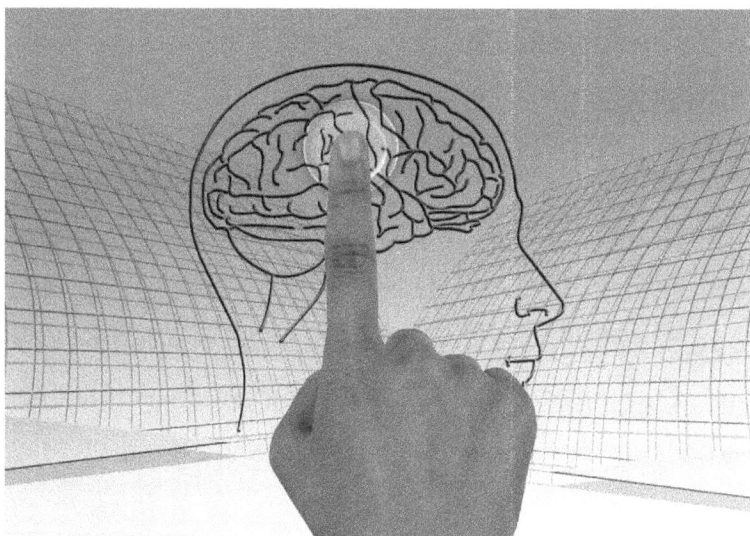

Mantener Despejado el Ojo de la Mente

En alguna oportunidad todas las personas han luchado contra las distracciones. Por ello, existen numerosas técnicas que puede utilizar con el fin de mantener su ojo de la mente enfocado y evitar las distracciones.

La Observación es la Clave

Algunas personas tienen un talento innato cuando se trata de ser observadores, pero a otras se les dificulta. Si descubre que pertenece al último grupo, va a querer mejorar sus habilidades de observación ya que son importantes para el desarrollo de su ojo de la mente. La mejor forma para hacer esto es observando los objetos que se encuentran alrededor de su casa y afuera. Puede empezar observando detenidamente un jarrón colocado en su sala de estar. Note los colores y el diseño del jarrón. No es necesario que toque o levante el jarrón, simplemente párese frente al jarrón y observe todo. Puede notar un desconchado en la parte superior o como parte de la pintura está comenzando a caerse. Observe toda esta información y salga de la habitación. Luego intente recordar todo los detalles que pueda con su ojo de la mente. Una vez que haya logrado imaginar eso, debe regresar y ver qué tan bien ha recordado todos los detalles.

Puede probar aún más sus habilidades de observación al salir de la habitación y esperar un par de minutos antes de intentar imaginar el jarrón. Puede dibujarlo o volver a la habitación para ver qué tan cerca ha estado de recordar cada detalle del objeto.

Anotar la Información

Cuando comience a observar los objetos, la naturaleza, o las características de una habitación, notará como empieza a distraerse. Se dará cuenta que su mente divaga a algo que no debería estar pensando. Cuando esto sucede, una de las mejores técnicas es anotar lo que está observando. Por ejemplo, está sentado en el pórtico de su casa e intenta observar el gran árbol en la entrada de la casa de su vecino. Sin embargo, lucha por mantenerse concentrado porque hecho un vistazo a la casa de su vecino y se distrajo con las personas que caminan por la calle, los perros ladrando y los niños jugando. Para evitar olvidar que estaba haciendo, debe escribir todo lo que ha observado del árbol. Para empezar concentrándose en el tronco del árbol. Notará cómo la corteza se mueve hacia arriba, cómo falta algo de ella en algunas partes y luego comenzará a ver dónde empiezan las ramas. Debe describir las ramas y las hojas en el papel, terminando con el hecho de que el árbol es más alto que la casa.

Parar y Oler las Rosas

Todos hemos escuchado la expresión de que a veces necesitamos "parar y oler las rosas". Esto significa que se está moviendo demasiado rápido en la vida y no disfruta de algunas de sus mejores características. Tal vez no esté pasando tiempo de calidad con su familia, no se permita disfrutar de la belleza de la naturaleza o no se detenga a mirar a su alrededor. Cualquiera que sea el caso, debe tomarse el tiempo de observar lo que lo rodea al azar durante todo el día para poder apreciar lo que tiene.

Muchas personas ocupadas que luchan para manejar su estrés encuentran que esta es una de las mejores maneras de reconocer que han sido bendecidos. Cuando comienzan a sentirse abrumados, pararán lo que estén haciendo, siempre que sea posible, y admirarán su entorno. Notarán a las personas que los rodean, lo que están haciendo y cómo suenan sus voces. Verán los insectos en las flores o los pájaros volando en el cielo. No necesita observar su entorno durante un largo período de tiempo; solo tiene que asegurarse de tener al menos unos minutos para observar dónde se encuentra y lo que sucede a su alrededor. Esto no solo aumentará sus habilidades de observación, sino que también lo ayudará a conectarse con el mundo.

Parte de mejorar su memoria fotográfica es aprender todo lo que pueda para asociar ciertos elementos a las cosas que necesita recordar. Cuanto más conocimiento tenga, más fácil será la asociación para usted.

6. Mapas Mentales

La ciencia ha demostrado en reiteradas ocasiones que el cerebro contiene un enorme potencial que solo espera a ser liberado. Una de las formas de desbloquear este potencial es comenzar a usar el método de los mapas mentales de Tony Buzan y Barry Buzan (2018).

Esta poderosa herramienta, además de explotar su potencial innato, lo ayuda a organizar sus pensamientos, pensar mejor y, sobre todo, recordar lo que aprende.

Los mapas mentales utilizan elementos fundamentales para el funcionamiento general del cerebro, tales como: ritmo visual, esquematizaciones, colores, imágenes, imaginación, diferentes dimensiones, conciencia espacial, el principio de Gestalt y la tendencia de completar asociaciones. Este sistema le permite utilizar el rango completo de sus habilidades mentales. Lo ayudará para una mayor creatividad, resolución de problemas, planificación, memoria, pensamiento y enfrentar los cambios.

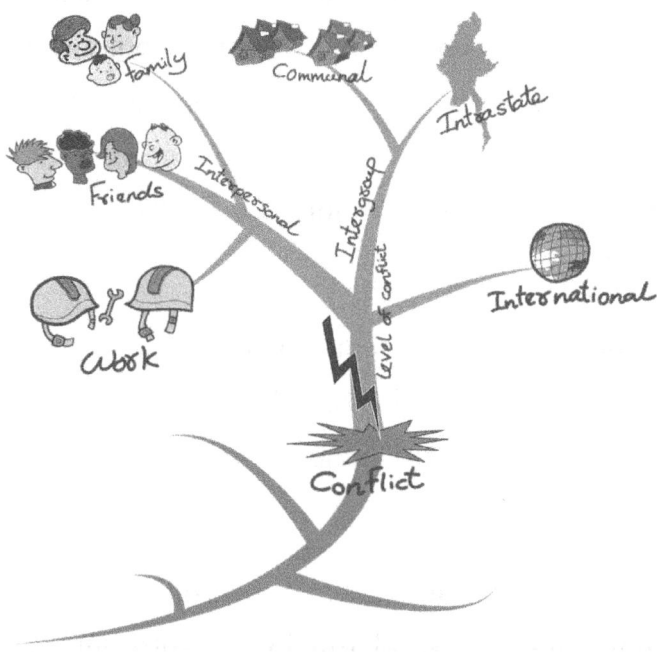

Me gustaría abrir un paréntesis sobre el gran Leonardo da Vinci, no solo porque nació a pocos kilómetros de mi casa, sino porque, al igual que otros grandes genios del pasado, logró aprovechar una gama más amplia de habilidades mentales que sus compañeros. De hecho, las grandes mentes del pasado han usado una porción mucho mayor de las capacidades mentales que cada uno de nosotros tiene. ¿Qué hace que la mente de Leonardo sea especial? Su cerebro, en lugar de pensar de una manera más lineal que sus contemporáneos, comenzó a usar intuitivamente los principios de los mapas mentales y, por lo tanto, del *Pensamiento Radiante*.

Esta forma de pensar es la forma más simple y natural de usar el cerebro porque, de hecho, nuestro cerebro ya contiene mapas mentales.

El mecanismo de pensamiento del cerebro es como un dispositivo sofisticado capaz de producir asociaciones ramificadas, con líneas de pensamiento que irradian a un número infinito de información y datos. Esta estructura muestra las redes neuronales que reflejan la arquitectura física del cerebro.

Si analizamos las notas de Leonardo, podemos ver palabras, símbolos, secuencias, listas, análisis, asociaciones, ritmo visual, técnica de Gestalt, diferentes dimensiones, números y figuras. Este es un ejemplo de una mente completa que se expresa globalmente y hace un uso integral de sus actividades corticales.

Será difícil igualar el genio de Leonardo, pero seguramente esta poderosa herramienta nos ayudará a liberar el inmenso potencial que tenemos en nuestro cerebro. Si lo intenta, estará satisfecho con su rendimiento mental.

Fundamentos del Mapa Mental

¿Por qué los mapas mentales nos ayudan a aprender y recordar mejor que las notas tradicionales? En primer lugar, las notas tradicionales son monocromas y monótonas. Las notas de un solo color son difíciles de recordar, son aburridas y, por lo tanto, serán olvidadas porque el cerebro se aburre, se apaga y tiende a ignorarlas. Están predispuestas a poner el cerebro a dormir. Es una metodología que no explota las capacidades de nuestra corteza cerebral y esto limita las capacidades asociadas con nuestros hemisferios izquierdo y derecho. Por lo tanto, estas habilidades no pueden interactuar entre sí e impiden un círculo virtuoso de movimiento y crecimiento. Esta escritura lineal de las notas nos anima a rechazar el aprendizaje y olvidar lo que hemos aprendido. Evita que el cerebro haga asociaciones, limitando su creatividad y su memoria. Es un narcótico mental que ralentiza e inhibe sus procesos de pensamiento.

En cambio, crear mapas mentales le permite trabajar con palabras clave que transmiten inmediatamente ideas y conceptos importantes, ocultando una larga serie de palabras que tienen menos importancia. Esto le permite a su cerebro hacer asociaciones apropiadas entre conceptos clave.

Si desea tomar notas de manera efectiva, hay 3 cosas fundamentales que debe recordar: *Brevedad,*

Eficiencia y *Participación Activa*. Es por eso que el mapeo mental es conocido como uno de los mejores métodos para codificar y recuperar información de su base de datos de memoria. Si bien cada lista que cree a través del mapeo mental será diferente, todas las mentes están organizadas de una manera específica, lo que las hace similares.

Todos usan la imaginación para recordar fácilmente las cosas, así como los colores hacen que los artículos se destaquen. Cuando piense en un mapa mental, quiere pensar en un mapa normal de la ciudad o en el mapa de un centro comercial. Siempre está el centro y luego todo lo demás se ramifica desde allí.

Cuando se trata de mapeo mental, hay cinco aspectos que debe tener.

1. Necesita tener un centro. Este será su tema o idea principal, como por ejemplo la Guerra Fría.

2. Cada tema que proviene de su centro estará compuesto por ramas. Por ejemplo, una rama de la Guerra Fría se refiere a porque ocurrió, la otra es el

Muro de Berlín, la siguiente consisten en las secuelas.

3. Cada rama tiene una palabra clave o imagen que puede asociar a su banco de memoria. Por ejemplo, con el Muro de Berlín, puede incluir la imagen de un muro.

4. También puede crear ramas con menos importancia que provengan de sus ramas principales. Como las ramas de un árbol que tienen pequeñas ramas u otras ramas que se originan de una misma. El truco es asegurarse que la rama pequeña es relevante respecto a su rama principal.

5. Se formará una estructura tipo nodo a través de las ramas.

Crear Su Mapa Mental

Puede utilizar cualquier tipo de idea o tema para crear su mapa mental.

Primero, quiere comenzar en el centro, que es la idea principal de su mapa mental. Puede crear una imagen como parte de su idea o utilizar una palabra clave. No importa lo que decida hacer, tiene que ser colorido, algo que pueda recordar fácilmente. Por lo tanto, ayudará a hacer que su imagen sea un poco caricaturesca, loca y vibrante.

En segundo lugar, debe hacer sus temas de rama, que fluyen desde la imagen central. Para ayudarle con este proceso, puede hacer una lluvia de ideas y escribir los temas de las ramas con anticipación. También puede hacerlo con cualquier subtema, que agregará más adelante. Por ejemplo, si su tema central es la comida, sus ramas pueden consistir en carne, pescado, verduras y granos integrales. Puede recordarlo mejor creando una imagen con cada rama, convirtiendo la rama en un color diferente o simplemente usando una palabra clave.

En tercer lugar, debe agregar los subtemas o sus ramitas. Al igual que con las ramas grandes, puede hacerlas tan coloridas y divertidas como quiera.

Es importante darse cuenta de que un mapa nunca termina realmente. Puede crear tantos subtemas como desee. Todo lo que tiene que hacer es relacionarse con el tema de la rama que proviene de la idea central. De hecho, probablemente se encuentre agregando información a su mapa mental a medida que continúe reuniendo más detalles sobre el tema.

El tema de los mapas mentales debería merecer un libro dedicado al tema. Si desea aprender como dominar está poderosa técnica, le sugiero que estudie *"El Libro del los Mapas Mentales" por* Tony Buzan y Barry Buzan.

7. La Familia de Mnemotécnicas

A menudo se utilizan las reglas mnemotécnicas para recordar cierta información. Por ejemplo, "No Soy Elefante Orejón", esta es una mnemotécnica para los puntos cardinales, Norte, Sur, Este y Oeste.

Generalmente las escuelas utilizan frases similares para enseñar los puntos cardinales a los niños.

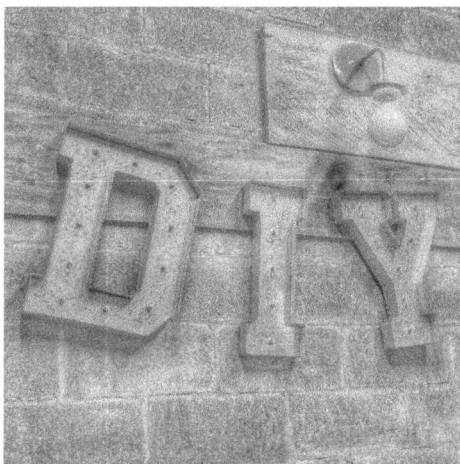

Las mnemotécnicas pueden tomar muchas formas, como letras de canciones, rimas, expresiones, modelos, conexiones y acrónimos.

Principios Fundamentales de las Mnemotécnicas

Antes profundizar demasiado en los detalles sobre las diversas formas de mnemotecnia, necesitamos analizar su fundamento. Hay tres puntos fundamentales: *asociación, ubicación* e *imaginación*.

Asociación

La asociación tiene lugar cuando conecta lo que desea recordar con lo que va a recordar. Por ejemplo, cuando piensa que Thomas Jefferson fue el tercer presidente de los Estados Unidos y el autor de la Declaración de Independencia, puede imaginar la Declaración de Independencia o el número 3 con la forma de Thomas Jefferson. Es importante tener en cuenta que cuando crea sus propias asociaciones, debe entenderlas usted mismo. Podrá recordar mejor esta información si la asocia con algo en lo que haya pensado.

Existen varias formas de recordar las cosas por asociación. Además de usar imágenes y números puede fusionar los objetos, colocarlos uno encima del otro, o imaginar los dos objetos bailando juntos o envolviendo a otro. Tiene que dejar que su mente se vuelta tan creativa como pueda. Recuerde, este no es el tipo de información que necesitará compartir con cualquier otra persona. Por lo tanto no tiene que preocuparse de lo que otras personas puedan pensar por sus asociaciones. Lo que importa es que sea capaz de recuperarlos de la base de datos de su memoria de forma rápida.

Ubicación

Al enfocarse en su ubicación, está haciendo dos cosas: separando una mnemotécnica de otra y proporcionando un contexto que le permite ubicar las mnemotécnicas juntas. De esta manera será capaz de separar un conjunto de mnemotécnicas de un lugar X de otro conjunto similar de mnemotécnicas de un lugar Y.

Por ejemplo, si establece unas mnemotécnicas en Florencia y otras mnemotécnicas similares en Nueva York, será capaz de separarlas sin confundirse. No tendrá conflictos con otras imágenes y asociaciones.

Imaginación

Utilizará su imaginación para crear los vínculos entre lo que necesita recordar y con qué lo ha asociado. Digamos, cuando creó la imagen de una puerta con notas adhesivas amarillas, estaba usando su imaginación.

Por lo tanto, desea permitir que su imaginación sea creativa y un poco loca cuando intente imaginar cosas o palabras clave con fines de asociación.

Tipos de Mnemotécnicas

Rima u Oda

"En 1492, Colón navegó rezándole a Dios" — es una de las rimas más conocidas hasta la fecha. Resulta que también es una de los muchos tipos de mnemotécnicas que puedes utilizar para recordar hechos históricos. Otro uso de esta técnica se puede aplicar cuando necesite recordar reglas del idioma español, como "M antes de P y B, pero no V", "Bra, bre, bri, bro, bru. ¡El burrito sabe tanto como tú!" y "Ahí hay un niño que dice ¡ay!".

Música

Escribir letras o crear una pequeña canción puede ser útil si le gusta hacer música. Tómese un momento para pensar en lo fácil que es memorizar canciones. Incluso puede reproducir partes de ella en su cabeza sin depender de su radio o reproductores de música.

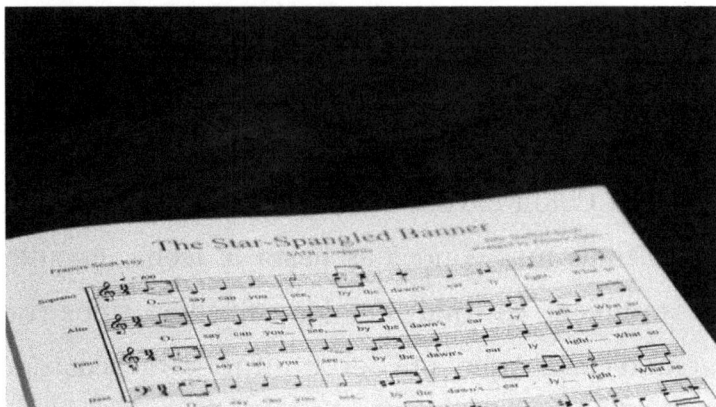

Acrónimos

Los acrónimos son unas de las formas más populares para crear mnemotécnicas. Cuando utiliza un acrónimo, está tomando la primera letra de cada palabra y creando una nueva frase con ella. Por ejemplo, "Objeto Volador No Identificado" como OVNI, mientras que TQM es un acrónimo para "Te Quiero Mucho". Lo más probable es que esté usando acrónimos casi todos los días a través de mensajes directos o mensajes de texto.

Gráficos y Pirámides

Los modelos son otro tipo de mnemotecnia. La pirámide alimenticia, para ser específicos, enseña a los niños y ayuda a las personas a recordar qué alimentos son más importantes que otros. Si observa una pirámide de alimentos, verá que los granos enteros y las verduras ocupan la mayor parte de la parte inferior, mientras que los dulces - el grupo de alimentos menos importante, que también podemos eliminar de nuestra dieta - están en el parte superior. A medida que observa cada conjunto, verá su nivel de importancia en función de dónde se colocan dentro de la pirámide.

Conexiones

Las conexiones son otra forma de ayudarnos a recordar cosas a través de la mnemotecnia. Por ejemplo, es posible que le hayan enseñado la palabra "longitud" cuando busca la línea longitudinal en el globo terráqueo, que es la línea más larga que conecta los polos norte y sur. La razón por la cual las personas recuerdan la palabra es que es la primera sílaba en la palabra "longitudinal".

Palabras y Expresiones

Muchas personas confunden las palabras y expresiones por acrónimos, pero esto son diferentes. Cuando está formando un acrónimo, usualmente crea una palabra corta o abreviación. Sin embargo, cuando utiliza una palabra o expresión para ayudarlo a recordar cosas, está utilizando este tipo de regla mnemotécnica.

Por ejemplo, cuando iba a clases de guitarra no podía recordar las notas en inglés. Entonces mi profesor de guitarra me dijo que tenía que recordar la frase "Every Good Boy Does Fine Always" que es la frase que los maestros de las escuelas de habla inglesa utilizan para enseñar a los niños las notas musicales EGBDFA (Do Re Mi Fa Sol La Si) en el pentagrama. Después de todo, es más fácil recordar la expresión que una serie de letras.

El orden de las operaciones en matemáticas es otro ejemplo común de esta mnemotecnia. La regla es: paréntesis, exponentes, multiplicación, división, adición y sustracción. Tomando la primera letra de cada una de estas palabras crea la frase PEMDAS. La cuestión es que el nombre real de cada símbolo es casi imposible de recordar para las personas. Por lo tanto, la mnemónica que se usa comúnmente en inglés es "Please Excuse My Dear Aunt Sally".

Acrósticos

Un acróstico es una forma poética que puede ser utilizada como mnemotecnia para facilitar la recuperación de la memoria, de hecho es una oración en la que las letras iniciales o sílabas de cada palabra son las iniciales de los conceptos o palabras a recordar.

Piense en una secuencia de letras para ayudarlo a recordar un conjunto de hechos en un orden particular, como "Every Good Boy Does Fine Always", "Please Excuse My Dear Aunt Sally", pero también "Mi Vieja Tía Marta Jamás Supo Untar Nada al Pan" para recordar el orden de los planetas (Mercurio, Venus, Tierra, Marte, Júpiter, Saturno, Urano, Neptuno y Plutón).

8. Técnicas Básicas de Memoria

Es posible que tenga dificultad para recordar nombres, números, caras o qué ingredientes debe comprar en el supermercado. Cualquiera sea el caso, parece estar ocurriendo con frecuencia y a menudo debe esforzarse para recordarlos. Esto puede ser frustrante para cualquier persona. Afortunadamente, junto con las técnicas que ya hemos discutido antes, existen estrategias de mejora diaria que también se pueden usar para mejorar su memoria.

Anote la Información

Ya hemos mencionado en un capítulo anterior que

debe anotar la información cuando está desarrollando sus habilidades de observación. Esta técnica también lo ayudara a desarrollar su memoria en general.

En la actualidad, es difícil no sentarse y escribir la información que necesita recordar. Es mucho más rápido abrir un documento de Microsoft Word o Google Doc y comenzar a escribir la información que tener todo en la mente. Le permite sentir que, dado que piensa en la información e invierte su tiempo escribiendo, va a poder recordar todo más fácilmente. La verdad es que esto solo es útil si necesita escribir algo rápidamente. No mejora su memoria tan bien como lo es escribir la información a mano. La escritura integra múltiples sentidos, el tacto, la vista e involucra al mismo tiempo la memoria a corto y largo plazo. Estimula toda la corteza cerebral y activa las facultades de atención y concentración.

La razón principal por la que la escritura funciona mejor es porque está dándole vida a las células cerebrales que ya no usa cuando comienza a usar su mano. Estas células, que se conocen como sistema de activación reticular o SAR, le dicen a su cerebro que se concentre más en las tareas que está haciendo.

Otra razón es que, cuando escribe, es más probable que reformule la información en sus propias palabras. En lugar de repetir la información palabra por palabra, lo que las personas suelen hacer, pensará sobre lo que se ha dicho y lo escribirá a su modo. Seguirá teniendo el mismo significado, pero en diferentes palabras. Debido a que invirtió su energía en ello, es más probable que recuerde la información.

Aprenda Como si Fuese a Enseñar

Algunas personas piensan que la mejor forma de aprender algo es actuar como si lo fuese a enseñar. Ya sea que esté intentando aprender nombres o una serie de números y memorizar la información para un examen, mientras más crea que lo va a enseñar, más se comprometerá. Otro truco es aprender la información con el pensamiento de que necesitará enseñarle a un niño. Esto lo ayudará a poner la información en una forma simple, lo que siempre hace que cualquier idea sea más fácil de entender y recordar. Como dijo Einstein, si no lo puedes explicar de forma sencilla, es que no lo has entendido bien.

Organice Su Mente

Muchas personas sienten que una de las mejores técnicas para utilizar, especialmente para los principiantes, es organizar su mente. Cuando sus pensamientos están organizados será capaz de recordarlos mejor. Esto también motiva una decisión de estilo de vida importante, considerando que es posible que desee asegurarse de que su área esté limpia y organizada. La razón de esto es que las personas a menudo se sienten más relajadas en una habitación ordenada. Si quiere hacerlo en su hogar, también querrá hacerlo en su mente.

Tómese un momento para pensar cómo se siente cuando su escritorio, su área de trabajo o la encimera de la cocina están abarrotados. Se necesita mucho más esfuerzo para concentrarse en una tarea cuando hay desorden en todas partes. Ahora, imagine lo fácil que será realizar esta tarea si su área de trabajo está limpia.

En este punto, puede que se pregunte cómo puede

trabajar para hacer que su mente esté más organizada. Después de todo, no es exactamente como su escritorio en el trabajo donde puede levantar un objeto y guardarlo. Si bien esto es principalmente cierto, hay muchos consejos y trucos que puede usar para organizar su mente.

Use una Lista Escrita

Una vez más, puede usar una lista para ayudar a su mente a ser más organizada. Siendo sinceros, las personas, naturalmente, se sienten más a gusto cuando tienen una lista de la que depender. Para empezar, les permite saber exactamente lo que deben hacer. Además, si lo trata como una lista de verificación, puede tachar lo que ha hecho.

El objetivo de este consejo es que usted solo querrá conservar la información importante. Entonces, en cierto sentido, descartará todo lo que ya no necesites conservar. Esta es la razón por la que necesita usar el método de lista escrita de vez en cuando.

Sea Consistente

Lo más probable es que los artículos en su hogar tengan un lugar determinado. Por ejemplo, su cafetera se encuentra en la encimera de su cocina, la caja de juguetes de su hijo está en la esquina de su habitación y sus cubiertos están en un cierto cajón de la cocina. Esto es lo mismo que quiere hacer con su mente. Se tiene que asegurar que cada cosa tenga un lugar específico.

Por ejemplo, colocara la lista de los 45 presidentes en su palacio de la mente en la forma de una sala de estar, mientras que la lista de todo lo que necesita hacer antes de mudarse a su nueva casa va al palacio de la mente de su oficina de trabajo. Mientras necesite estas listas, aquí es donde se encontrarán almacenadas dentro de su mente. Por lo tanto, cuando revise su lista para asegurarse de que todo está oficialmente listo para la mudanza, puede imaginar su oficina de trabajo y extraer la información de ahí.

Sea Consciente de la Sobredosis de Información

Vivimos en un mundo donde la tecnología parece estar en todos los aspectos de nuestra vida todo el tiempo. No importa si estamos usando una computadora portátil, tablet o teléfono inteligente - muchas personas pueden buscar lo que quieran cuando lo deseen a través de su conexión a Internet o plan de datos móviles. Debido a esto, nuestras mentes pueden sobrecargarse de información. Esto no solo nos puede hacer sentir cansados y estresados, sino que también nos puede obligar a olvidarnos de las cosas importantes que debemos recordar al lidiar con una sobredosis de información.

Estar en esta situación implica que su cerebro se llene con mucha información innecesaria. Aparte de eso, su mente comenzará a absorber todo como una esponja. En cierto sentido, todo parecerá información irrelevante para su base de datos porque ya no puede distinguir entre lo que es importante recordar y lo que no.

Ganchos de la Memoria

Otra forma simple para ayudar a mejorar su memoria fotográfica es a través de los *Ganchos de la Memoria*. Esta técnica es casi literalmente lo que implica el nombre: usted engancha su memoria, por lo que es posible que no la olvide fácilmente. Esto sigue el camino de que es más probable que recuerde la información que se "engancha" en su mente.

Muchas personas usarán ganchos de memoria a nivel emocional. Cuando las personas hacen esto, anclan la memoria a una emoción. Este método funciona porque nuestros sentimientos a menudo pueden servir como desencadenante de ciertos recuerdos. Por ejemplo, si recuerda haber sido atropellado por un camión en la carretera cuando era más joven, puede ser cauteloso cuando camina cerca de vehículos similares o de cualquier tipo. Después de todo, su memoria desencadena una respuesta emocional, que, en este caso, es miedo.

Cuanto más fuerte sea la emoción que está apegada a

su memoria, más probabilidades tiene de recordar lo que sucedió en el pasado. Si tuvo una cena con su hermano la semana pasada, por ejemplo, probablemente recuerde haber almorzado con él, a qué lugar fueron a comer, pero es posible que no recuerde nada más al respecto. Puede olvidar de que hablaron, si fue el caso, tendría que pensarlo demasiado para solo obtener fragmentos de la información.

Por supuesto, no necesita pasar por un evento para usar los ganchos de la memoria con una emoción para recordar algo. No importa lo que quiera recordar, teniendo en cuenta que puede ser un nombre, la dirección de su nueva casa o la definición de una palabra. Lo único que necesita hacer es asociar una emoción con la información y relacionarla con una imagen que supuestamente explique el sentimiento asociado.

Por ejemplo, si desea recordar la dirección de su nueva casa, puede diseñar los números reales como signos de exclamación porque está entusiasmado con su nueva casa. También puede hacer que lo visual sea un poco más loco haciendo que los números salten como si también estuvieran entusiasmados con su nuevo domicilio.

Tres Piezas Importantes

Para que los ganchos de memoria funcionen bien, debe recordar tres piezas de información importantes.

1. Los ganchos de la memoria deben ser cortos y concisos. Siempre es más difícil recordar algo que es largo y no es interesante. Recuerde, necesita enganchar la información a su mente para que sepa que debe guardarla y mantenerla en su banco de memoria.

2. El gancho de memoria debe ser fácil de recordar. No lo ayudará si intenta asociar el gancho de memoria con una emoción que a menudo no siente o no encaja bien con la información. Por ejemplo, si desea recordar la fecha y la hora de su cirugía, es posible que no desee asociar entusiasmo con el evento. Sin embargo, esto también depende del tipo de cirugía que esté recibiendo.

3. Solo incluya la información que realmente necesita dentro de su gancho de la memoria. Por ejemplo, si está intentando recordar su nueva dirección pero aún vive en la misma ciudad, no necesitará concentrarse en recordar la ciudad. En cambio, recuerde el número de la casa y el nombre de la calle.

Consejos para Hacer los Ganchos de Memoria Interesantes

Cómo hará para que los ganchos de memoria sean interesantes dependerá de su personalidad. Aquí hay algunos consejos para darle una idea de cómo puede crear un gancho para su memoria.

1. Use juegos de palabra para que las personas sepan cuál es su negocio. Por ejemplo, si usted es un dentista, puede usar un lema que suene como "Si no eres bueno con tus dientes, ellos serán falsos contigo"

2. Usar el humor es otra excelente forma de crear un gancho interesante.

3. Haga una parodia para hacer que el gancho sea interesante. Puede hacer una tomando una canción y cambiando algunas de sus letras para que se relacionen con lo que quiere recordar.

4. No tenga miedo de mezclar y combinar o buscar su propia manera para hacer que un gancho de la memoria sea extremadamente interesante para usted.

Método Chunking

Puede usar el método chunking para casi cualquier lista larga de información. Cuando usa esta técnica, básicamente fragmenta o reúne información. Por ejemplo, si tiene que recordar 10 números, puede emparejarlos en orden, lo que significa que solo tiene que pensar en cinco números, que es la cantidad similar a lo que su memoria puede contener cuando se trata de esta información. Por ejemplo, si tiene una lista que consta de 8, 5, 3, 2, 1, 7, 6, 9, 4 y 7, puede emparejar los números como 85, 32, 17, 69 y 47. Tome un momento para observar detenidamente este ejemplo y tratar de memorizar por separado los números individuales y los combinados. Se dará cuenta rápidamente que cuando los números están emparejados, son mucho más fáciles de memorizar que los dígitos individuales. Esto también significa que son más fáciles de codificar y almacenar en su cerebro, al menos por un período de tiempo.

Técnica de Vinculación

Cuando necesite recordar una lista de nombres, a menudo utilizará la técnica de vinculación. Por lo general, ocurre cuando necesita vincular detalles adyacentes en la lista. Quizás recuerde haber hecho un examen con dos columnas en la escuela primaria. La primera columna contendría una lista de palabras, mientras que la segunda tenía la definición de algunas de las palabras en la primera columna. Usted tenía que conectar la palabra correcta a su definición correspondiente con una línea. Este método es similar a lo que debe hacer cuando usa la técnica de vinculación.

Esta técnica se compone de tres partes, *crear* y *recuperar* una lista y luego *practicar* como hacerlo repetidamente. Aun cuando se sienta cómodo con el método mencionado, trate de tomarse el tiempo para practicar recordar una de sus listas al menos una vez a la semana. De otra forma, la lista y la técnica de vinculación comenzarán a deteriorarse y abandonar su mente.

La cuestión es que, cuando crea cualquier lista, quiere asegurarse que cada imagen o palabra se vincule a la siguiente. Por ejemplo, si desea escribir la lista de las compras, comenzará por tomar el carrito. Luego puede imaginar el objeto que descansa sobre el asiento cómo una piña en forma de bebé, asumiendo que este es el primer artículo de la lista. En caso de que el segundo objeto sean unas manzanas, puede imaginar a la piña con manzanas que crecen en la parte superior. Continuará vinculando su lista de esta manera hasta que haya alcanzado el último elemento. Es importante recordar todo en el mismo orden para evitar olvidar cualquier cosa en la lista.

El siguiente truco es recordar automáticamente el siguiente artículo en su lista de compras después de recoger el primero. Debido a esto, no hará falta mucha energía para recordar toda su lista.

Debe tener en cuenta el hecho de que, cuando practica el método de vinculación, no tiene que sentir la necesidad de practicar constantemente recordar la misma lista. Lo que quiere hacer es crear una nueva lista usando esta técnica. Por ejemplo, si va de compras una vez por semana, puede convertir este ejercicio de memoria en uno específico para esta actividad. Esto asegura que usará esta técnica al menos una vez por semana. Sin embargo, también puede usarlo durante toda la semana para otras listas.

El Principio SEE

El principio SEE es una técnica de memoria que las personas suelen utilizar para construir su memoria fotográfica desde el principio. SEE es un acrónimo, que representa las tres piezas de este principio: **S**entidos, **E**xageración y **E**nergizar.

S es por Sentidos

Este principio establece que mientras más utilice sus sentidos para codificar la información, podrá transferir más datos de la memoria a corto plazo a la memoria de largo plazo.

E es por Exageración

El segundo principio establece que usted desea ser tan creativo, gracioso e interesante como sea posible al crear sus imágenes, palabras claves, cuadros, gráficos o cualquier cosa que utilice para recordar cualquier información rápidamente.

Piénselo de esta manera: está conduciendo a lo largo de la autopista y nota una línea de camiones al otro lado de la misma. Se da cuenta que uno tiene una cabina completamente blanca, el camión al lado de esta es blanco con violeta, la tercera cabina es rosada y el cuarto corresponde a uno completamente blanco.

Recordará todos los vehículos de color rosa y las cabinas blancas con líneas violetas más que las blancas simples porque son visualmente más interesantes que las demás. Incluso habría recordado aún más un vehículo con dibujos extraños, divertidos e inusuales.

E es por Energizar

La última parte del principio SEE dice que debe asegurarse que la información que desea recordar, junto con la forma que quiere hacerlo, es energizante. Por ejemplo, ¿preferiría ver una presentación de diapositivas de la vida de Prince o una película sobre su vida? Lo más probable es que elija la película sobre la presentación de diapositivas porque las películas traen energía. Hay movimiento en este último, y puedes aferrarte a la energía que ves que los actores dan a lo largo de la película. Las películas se recuerdan mejor porque hay más participación, más emoción y más emoción que otras imágenes. Crea imágenes energizantes que difícilmente olvidará.

Consejos para la Memorización

Todos tenemos cosas que debemos recordar de vez en cuando. Mientras que algunos encontramos la memorización como algo fácil, la mayoría de nosotros tiende a tener dificultades con el proceso. Si usted es una persona que siente que memorizar cosas es un desafío, pero también piensa que no es extremadamente complicado, sepa que puede usar otros consejos adicionales. Estas son algunas de las mejores formas para memorizar la información.

Preparar su Tiempo de Estudio para la Memorización

Todos tenemos diferentes técnicas de estudio. Es importante que se tome el tiempo para conocer lo que necesita hacer para poder estudiar mejor. Esto le permitirá mejorar drásticamente tus habilidades de memorización. Por ejemplo, es posible que tenga que estar en silencio para recordar mejor tus lecciones. Si este es el caso, entonces debe buscar un entorno que no le brinde muchas distracciones. O teniendo en cuenta que también nota que necesita tener música de fondo, ya que las melodías lo ayudan a concentrarse mejor, entonces asegúrese de tener la mejor música para aumentar sus habilidades de memorización.

Algunas personas creen que es importante para ellas prepararse a través de una serie de pasos. Por ejemplo, puede que tenga que despejar su mente de todo lo que ha aprendido ese día. Por lo tanto, debe tomarse el tiempo para ver una buena película, tomar una taza de té, leer o simplemente relajarse. Incluso puede encontrar que se desempeña mejor cuando medita. Si necesita jugar con sus preparativos antes de comenzar a memorizar, entonces debe hacerlo de acuerdo con su horario. Sin embargo, siempre hay tiempo para cambiar algunos de los pasos a medida que continúa aprendiendo más sobre su tiempo de preparación.

Registrar y Escribir la Información

Como escribir la información se discutió en otra sección, no profundizaré mucho en esto. Sin embargo, también es importante incluirlo en esta sección. Si piensa que es mejor grabar las conferencias de sus profesores, entonces asegúrese de hacerlo. Sin embargo, también tendrá que tomarse el tiempo para escuchar la grabación y escribir cualquier información importante para poder memorizar lo que necesita saber.

Después de todo, no solo lo está escuchando, sino que además se está tomando el tiempo para activar sus células cerebrales a medida que comienza a escribir algunas cosas. Las células cerebrales activas siempre lo ayudarán a recordar más información. Recuerde preferir los mapas mentales a las anotaciones típicas. Los mapas mentales son una de las herramientas más poderosas que puede usar.

Escribir Nuevamente la Información

Las personas no se dan cuenta de lo importante que es escribir información. De hecho, muchas personas afirman que una de las mejores formas de memorizar realmente la información es escribirla cuando la escucha por primera vez y luego escribirla cuando recuerde la información. En otras palabras, escriba la información de la memoria. Sin embargo, no escuche la grabación ni mire lo que ha escrito anteriormente. En cambio, tome una hoja de papel en blanco y simplemente vaya a su memoria. Luego, puede comparar esto con su escritura original.

Si descubre que necesita continuar memorizando la información, no dude en hacerlo. Sin embargo, sí parece estar bien solo con la memorización, puede dar un paso atrás para desafiarse un poco más.

Por ejemplo, no puede tocar esa información durante un par de días.

Sin embargo, una vez que terminen estos días, puede intentar escribir la misma información de memoria nuevamente y luego comparar los dos escritos. Si ve que todavía se está fortaleciendo, continúe desafiándose alargando el intervalo de tiempo.

Si ve que ya ha comenzado a olvidar las cosas, entonces debe aumentar la cantidad de tiempo que dedica a memorizar la información.

Enseñar la Información a Usted Mismo

Por supuesto, puedes enseñarle a otra persona lo que está tratando de aprender, pero esto no siempre es posible.

En este caso, es importante acostumbrarse a enseñarse la información a usted mismo. Al hacerlo, descubrirá que está más comprometido cuando memoriza los detalles porque tiene la mentalidad necesaria para explicarlo o enseñarlo. Es por eso que debe asegurarse de comprender la información antes de probar esta técnica.

Esto es muy popular porque lo ayuda a concentrarse más y le da algo que esperar, como una meta cuando se trata de memorizar la información.

Si es cómo la mayoría de las personas, necesita motivación para seguir memorizando porque a muy pocas personas les gusta hacer esta actividad. No obstante, este método puede motivarlo a hacer lo que debe hacer.

No Dejar de Escuchar las Grabaciones

Un consejo final es no dejar de escuchar lo que ha grabado. Muchas personas sienten que luego de haber escuchado una grabación una vez y haber escrito la información importante de ella, ya pueden dejarla a un lado. Peor aún, pueden decidir eliminarla o grabar una nueva conferencia sobre ella. Ninguna de esas ideas es recomendable, considerando que tomar el tiempo para seguir escuchando las lecciones lo va a ayudar a mejorar su memoria a través de su propia técnica. Repetita iuvant. Repetir las cosas ayuda.

9. Técnicas Avanzadas

Antes de comenzar a discutir técnicas más avanzadas para mejorar la memoria, puede sentir que los métodos discutidos aquí o en el capítulo anterior son básicos o demasiado avanzados para usted. Siempre es más fácil comenzar con algunos de los métodos más simples - los que usted sienta que son más fáciles - y avanzar desde allí. Esto es algo que nadie puede decirle directamente, ya que depende de su personalidad y de su memoria.

Otro factor para recordar es que cada técnica le va a parecer difícil al principio. Sin embargo, una vez que consiga hacerla con éxito un par de veces, pronto podrá acostumbrarse.

El Método del Automóvil

El método del automóvil es similar a usar una habitación en su casa como un palacio de la memoria. Una de las razones más importantes por las que se considerar una de las técnicas más avanzadas es porque algunas personas no conocen las partes de un automóvil. Además, tienden a confundirse ya que no ven el automóvil de la misma manera que una habitación de su casa. Estas personas pueden sentir que ir del maletero a la parte delantera del automóvil es un poco más confuso que andar por cualquier habitación. Sin embargo, como se indicó anteriormente, el nivel de confusión depende de su personalidad e intereses.

Al mismo tiempo, el método del automóvil es muy útil porque muchas personas tienen un auto que pueden usar para observar en lugar de solo visualizar. De manera similar al uso de una habitación de su hogar, querrá asegurarse de conocer bien su auto, así como todo lo que contiene, antes de comenzar a usar esta técnica. Por ejemplo, debe familiarizarse con los compartimentos de almacenamiento porque estos son a menudo los lugares que las personas pueden utilizar este método. Los automóviles, especialmente los modelos más nuevos, pueden tener una docena de unidades de almacenamiento por todas partes. No solo están en el lugar de las puertas, entre los asientos, y en la parte trasera de a los asientos, sino además pueden estar ocultos en el maletero.

Por supuesto, si no tiene un auto, puede utilizar cualquier tipo de vehículo que conozca, como un avión, un autobús, o un camión

Otro ejemplo que puede ver es una lista de animales en una reserva, que usted cuida a los animales heridos y abandonados antes de regresarlos a su hábitat natural. Puede usar esta información para asegurarse que usted y su familia puedan verlos a todos sin tener que consultar el mapa todo el tiempo. Además, conocer la lista de memoria le permite crear un juego con tus hijos en el que les pide que encuentren o nombren a los animales que se encuentran ahí. Por lo tanto, puede usar el método del automóvil para memorizar los siguientes animales: pingüino, llama, tigre, oso, águila, búfalo, lobo, pato y nutria.

Usted sabe que el pingüino es el primer animal que verán sus hijos. Por lo tanto, desea imaginar el pingüino en la parte delantera de su automóvil, considerando que desea recordar esta lista de adelante hacia atrás. Puede imaginar un pingüino deslizándose sobre el capó de su automóvil. A partir de ahí, desea conectar esta imagen a una llama, que puede estar conduciéndolo. El tigre tal vez esté sentado en el asiento del pasajero, mientras que el oso está tratando de caber en el bolsillo en la parte posterior del asiento del conductor. Siéntase libre de seguir usando esta lista con el mismo método para memorizar el resto de los animales en la reserva por el orden en que los verá.

El Sistema Palabra-Pinza

El *Sistema Palabra-Pinza (Sistema Peg)* es otra

técnica común que parece más avanzada para algunas personas. Cuando piense en el método de las palabras-pinza lo puede imaginar cómo las pinzas para colgar la ropa. En realidad, son un poco similares. Esta técnica utiliza imágenes visuales para proporcionar un "gancho" o una "pinza" para colgar sus recuerdos.

Este sistema funciona mediante la creación de asociaciones mentales entre dos objetos concretos de manera individual que luego se aplicarán a la información para ser recordada. Este método funciona memorizando previamente una lista de palabras que son fáciles de asociar con los números que representan. Esos objetos forman las "pinzas" del sistema. Por lo general, esto implica vincular sustantivos a números y es una práctica común elegir un sustantivo que rime con el número al que está asociado.

Una queja sobre el sistema palabra-pinza es que parece ser aplicable solo en situaciones triviales. Sin embargo, el sistema palabra-pinza se puede utilizar para recordar listas de compras, puntos clave en los discursos y muchas otras listas específicas de las áreas de interés.

Con este método, recordará fácilmente la posición numérica de los elementos en una lista en secuencia o fuera de secuencia

Por qué Utilizar el Método Palabra-Pinza

Se sabe que el método de la palabra-pinza es una de las técnicas más avanzadas por varias razones.

1. Hay mucha flexibilidad entre las listas

Cuando puede crear flexibilidad en las listas, puede reducir el riesgo de interferencia. Por ejemplo, puede usar listas ordenadas o alfabéticas para asociarlas con el método palabra-pinza. Por supuesto, muchas personas sugieren que, cuando comience a usar esta técnica, debe elegir una lista con la que se sienta más cómodo, como por ejemplo una lista ordenada. Después de utilizar varias veces el método de la palabra-pinza, y comprender como funciona, puede elegir otros tipos de listas.

2. Algunas personas no memorizan bien los artículos

Si descubre que tiene dificultad para la memorización, puede darse cuenta que este método no es muy útil para usted. La razón es que necesita mantener el orden, lo que la memorización no siempre proporciona. A parte de esto, le permite utilizar cualquier lista que le venga a la mente.

3. Puede recordar el artículo directamente

Si bien la *Técnica de Vinculación* es ideal para recordar listas en secuencia, no proporciona una manera fácil de recordar, por ejemplo, el séptimo elemento de la lista. Debe comenzar al principio de la lista y contar mentalmente hacia adelante a través de las asociaciones hasta llegar al séptimo elemento.

Puede tener 20 animales en un orden específico que sigue el mapa de la reserva, por ejemplo. Si desea elegir el séptimo animal, deberá revisar toda la lista, desde el primero hasta llegar al animal #7. En cambio, con el sistema palabra-pinza, puede recordar directamente el artículo, por ejemplo: Siete = Pollo.

Existen varias listas que memorizará a través de suficientes imágenes, y no siempre tendrá que mantenerlas en orden. Por ejemplo, si intenta crear una lista con los animales de la reserva, eventualmente puede escoger los animales por sí mismo sin tener que recordar toda la lista.

4. Puede utilizar el sistema palabra-pinza para almacenar más información

Como se mencionó anteriormente, el sistema palabra-pinza ofrece mucha flexibilidad. En verdad, puede mezclarlo con otras técnicas que haya aprendido. Utilice su método básico favorito u otra técnica avanzada, junto con el sistema palabra-pinza, por ejemplo. Al hacerlo, puede abrir la puerta para poder codificar, almacenar y recuperar más información de la que puede hacer a través de una lista a la vez.

Una de las listas de sistema palabra-pinza más común es el sistema del abecedario. Si lo usa y lo mezcla con la técnica de vinculación, puede recordar más de 200 elementos en una sola lista. Si bien puede parecer que ahora no es posible, debe recordar que no colocará todos los elementos en su lista al mismo tiempo. Al igual que muchas listas o mapas mentales que se han crecido más que la vida, es algo que puedes construir con el tiempo.

Método Palabra-Pinza Rítmico

Si le gustan las rimas, disfrutará del método palabra-pinza rítmico. La idea es que debe crear una lista de palabras y luego encontrar otras palabras que rimen con las primeras. Por ejemplo, si tiene la palabra pato en la lista, puede rimarlo con plato. Cerdo rima con izquierdo, perro con hierro, gato con trato, etc.

Pero generalmente se crea una lista de números, y se unen las palabras que rimen, por ejemplo:

0 = acero

1 = zumo

2 = tos

3 = pies

4 = teatro

5 = brinco

6 = beige

7 = juguete

8 = bizcocho

9 = llueve

10 = pez

La parte divertida respecto al método palabra-pinza rítmico es que será capaz de mejorar su creatividad. Digamos que puede darle un ritmo a la rima y crear una canción tonta o hacer una historia en la que comience una oración con una palabra específica y luego la termine con una palabra que rima. Cuanto más creativo y divertido sea con esta información, más fácil será recuperar la información cuando la necesite.

Método Palabra-Pinza Alfabético

Dentro del método palabra-pinza alfabético existen dos tipos de lista que puede crear: *sonido alfabético similar y alfabeto concreto.* Por su puesto, puede ser creativo y establecer el suyo propio a medida que se sienta cómodo con el proceso, pero ahora veamos estos dos tipos.

1. Sonido Alfabético Similar

La lista de sonido alfabético similar no es diferente del método palabra-pinza rítmico, pero tiene que encontrar una letra que suene similar a la palabra. Por ejemplo, B suena como una abeja. Por lo tanto, puede imaginar una abeja que tenga la forma de la letra b.

2. Alfabeto Concreto

Cuando crea una lista de alfabeto concreto, repasará el alfabeto y encontrará una palabra que comience con la letra correspondiente. No es necesario que las palabras rimen, no tiene que preocuparse por el sonido o darle a la palabra una forma graciosa o una imagen. La lista que cree será útil cuanto esté memorizando cierta información. Por ejemplo, puede armar una lista alfabéticamente donde la A representa un Árbol, la B representa una Banana, la C representa una Casa, la D representa un Dado, y así sucesivamente.

Método Palabra-Pinza con Formas

Este método es similar a los otros métodos, aunque su principal distinción es que usa formas. Básicamente, convertirá la información que desea recordar en una determinada forma. La figura puede corresponder con la palabra o tal vez sea la primera forma que se le ocurra cuando piensas en ella.

Repetición Espaciada

Muchas personas, especialmente los principiantes, sienten la necesidad de repetirse la información para recordarla. Desafortunadamente, esto solo funcionará por un período corto. Debe tener en cuenta que, a menos que utilice un método, está apegado emocionalmente a la información. También es posible que su mente crea que es importante que recuerde algo que probablemente olvidará en un par de meses más o menos. No significa que haya algo malo con su memoria. Es normal que las personas comiencen a olvidar información que no usan o recuerdan con el tiempo. La principal razón por la que esto sucede es porque su cerebro está haciendo espacio para datos más importantes que deberá recordar en el futuro.

Por lo tanto, muchas personas, especialmente aquellas que usualmente practican técnicas para mejorar la memoria, afirman que, a menudo, se centran en recodar la información que desean conservar al menos cada dos semanas. Este es un gran método que suelen usar muchos competidores para los concursos de memoria. Luego del concurso, no entrenan a su cerebro por varios meses. Luego, un par de meses antes de la competencia, comienzan a entrenar nuevamente su cerebro.

Una vez que comienza el proceso, no solo utilizaran una variedad de técnicas - cómo cronometrarse -

sino también practicarán con diferentes listas semanalmente, si no más. Esto los ayuda de muchas maneras.

Por un lado, les permite a los participantes de los juegos de memoria a mejorar su velocidad, lo cual es un factor importante cuando se trata de las competencias. En segundo lugar, la práctica los ayuda a retener información antigua y nueva en la base de datos de su memoria. Por ejemplo, pueden recordar una lista de la semana pasada y luego centrarse en aprender una nueva lista la próxima.

Por supuesto, puede aplicar la repetición espaciada durante seis meses y no tocar la lista hasta que tenga que hacerlo. La brecha dependerá principalmente de su capacidad para recordar la lista. Es por eso que la capacitación también puede tomar más tiempo que eso. Muchas personas afirman que si tiene listas que desea recordar, deberá aplicar el método de la repetición espaciada con cada una de ellas. Esto garantiza que será capaz de mantener toda la información fresca en su mente. En mi libro

"*Aprendizaje Acelerado*" revelo mi sistema de estudio personal que utilizo para memorizar la información para siempre gracias a la Repetición Espaciada.

Memorizar un Mazo de Cartas

Otra gran técnica que utilizan muchos principiantes para mejorar su memoria fotográfica es memorizar un mazo de cartas. Si solo está aprendiendo como construir su memoria, puede sentir que esta es una tarea imposible porque hay exactamente 52 cartas dentro de un mazo. Sin embargo, casi cualquier persona que ha entrado en la capacitación avanzada para la memoria fotográfica ha tenido que practicar con un mazo de cartas.

Después de todo, las cartas son fáciles de conseguir. De hecho, es posible que ya tenga un mazo de cartas en su hogar. Aparte de eso, ya están diseñadas, tienen números y están codificadas por colores; es por eso que pueden facilitar un poco el proceso de aprendizaje cuando intenta mejorar su memoria.

Hay algunas cosas básicas que requiere al momento de memorizar un mazo de cartas, además de asegurarse de tener una baraja completa. También debe tener una lista de 52 celebridades - las que le gustan y que realmente no le importan - y el conocimiento de crear un palacio de la memoria.

Primero, debe entender que, cuando está aprendiendo a memorizar un mazo de cartas, debe utilizar una técnica similar a esta. La razón es que sin un método adecuado, le tomará al menos media hora recordar la mitad de las cartas del mazo.

Además de esto, debido a que no ha asociado las barajas a nada que le parezca interesante, es muy probable que la información se olvide con el tiempo. De hecho, puede olvidar todo lo que ha memorizado en un par de semanas.

Crear un Palacio de la Memoria

La mayoría de las personas pensarán que necesitan memorizar las cartas según los números y los diseños. Si bien puede hacerlo utilizando otra técnica de memoria, este método específico no se enfoca en tales cosas. En cambio, debe concentrarse en la lista de las 52 celebridades que ha anotado.

Para que el proceso de memorización de cartas sea lo más fácil posible, puede clasificar su lista de celebridades con los símbolos que ya están en las tarjetas. Por ejemplo, los diamantes se pueden usar para las celebridades más ricas que tiene en su lista. Los corazones pueden coincidir con las celebridades que ama, las picas son para las que realmente no le gustan y los tréboles para las celebridades que siempre parecen estar de fiesta.

Luego, querrá emparejar a sus celebridades con números pares o impares. Según mi experiencia, siempre es fácil asignar que los hombres son los números impares, mientras que las mujeres son los números pares, o viceversa. Posteriormente puede usar los miembros de la familia real para el rey y la reina en el mazo. Por ejemplo, la reina Isabel será la reina y el príncipe Felipe será el rey. Para el joker, puede utilizar a Jack Nicholson o Heath Ledger, considerando que ambos interpretaron el papel del Joker en las películas de Batman.

A partir de ahí, puede unir a las celebridades con números. Por ejemplo, puede sentir que los 10 deberían ser las celebridades más poderosas de su lista. Para los 9, puede decidir que sean sus celebridades favoritas, los 8 pueden ser músicos y los 7 pueden ser atletas. Todo depende de cómo haya enumerado sus nombres. Esta es la mejor manera de memorizar su mazo de cartas.

Memorizar y Recordar

Una vez que haya organizado su lista y haya asignado cada elemento a las cartas, comenzará a memorizar sus barajas. En realidad, puede utilizar un palacio de memoria o incluso un mapa mental para hacer esto. Es importante darse cuenta de que no tiene que memorizar las 52 cartas a la vez. De hecho, puede crear un plan de memoria que se acumulará para memorizar todas las cartas. Puede comenzar con cinco cartas todos los días, y eso está bien. Sin embargo, también desea recuperar las cartas que ha memorizado anteriormente. Entonces, en su primer día, se enfocarás en las primeras cinco cartas. El segundo día, recordará las primeras cinco cartas y luego memorizará las siguientes cinco. Hará esto hasta llegar a las últimas siete cartas.

El Método Militar

Si bien los pasos asociados con este método son simples, los debates sobre si la técnica militar funciona o no, son más populares que el método en sí. Aquellos que nunca han intentado esta técnica no deberían opinar. Algunas unidades militares han estado utilizando esta técnica durante casi un siglo para desarrollar su memoria fotográfica.

Tiene que comenzar por estar en una habitación oscura con una lámpara a su lado. También debe tener una hoja de papel blanco lo suficientemente grande para escribir un párrafo. Luego, tome una hoja y recorte un agujero rectangular que abarque un párrafo de un libro estándar y luego colóquelo encima de la página del libro.

Ajuste su distancia del libro para que su mirada se centre instantáneamente en las palabras cuando abra los ojos. Permanezca en la oscuridad por un tiempo para acostumbrar sus ojos a la oscuridad y luego encienda la luz por una fracción de segundo y apáguela nuevamente. Tendrá una impresión visual en los ojos del texto que tenía delante.

Cuando esta impresión desaparezca, encienda nuevamente la luz por una fracción de segundo y nuevamente fije su mirada en el texto. En pocas palabras, usted estará sentado en una habitación oscura, y encenderá y apagará la luz para memorizar y ver en su mente las impresiones del texto que está leyendo.

Siga haciendo esto hasta que pueda leer el texto palabra por palabra. Cuando observe la impresión en la oscuridad, no está viendo el texto en la oscuridad, sino que su cerebro recuerda una impresión virtual de información y esta es la idea detrás de la memorización del texto.

¿Le gustaría desarrollar la habilidad de poder ver rápidamente un trozo de un texto y ser capaz de ver una impresión del mismo en su mente? La cuestión es, que deberá hacer esto por al menos 15 a 20 minutos, todos los días por 30 días. Esto mejorará su capacidad de mirar una imagen o pasaje de texto y memorizarlo instantáneamente.

10. Cómo Recordar...

No importa quién sea usted, siempre tendrá dificultades para recordar algo, ya sea el nombre de una persona, un lugar, cuáles son las comidas favoritas de sus hijos o cualquier otra cosa. Por eso es importante fortalecer su memoria fotográfica con el uso de las técnicas que hemos discutido anteriormente. A estas alturas, probablemente ya haya intentado algunas de ellas y ya tenga una idea de con cuáles se siente cómodo y con cuales necesita practicar un poco más.

Si aún no se ha tomado el tiempo para construir su primer palacio de la memoria, debe intentar hacerlo pronto. Si bien no es esencial para este capítulo, cuanto antes comience a construir su memoria fotográfica, más rápido podrá recordar piezas de información que discutiremos aquí.

Hay dos partes principales de este capítulo. La primera implica aprender a recordar nombres. Nos ha sucedido a todos nosotros. Nos encontramos con uno de los miembros de la familia de nuestra pareja en una reunión familiar. Luego, unos meses después, reconoce a la persona en el supermercado pero no puede encontrar su nombre en su banco de memoria. Por supuesto, esto es un poco vergonzoso para usted porque recuerdan el suyo. Cuando esto sucede, a menudo bailará sobre la idea de cómo hacerles saber que no recuerdas su nombre. Actúa como si lo supiera, pero nunca dice su nombre ni pregunta al respecto. Por el contrario, va casa y le pregunta a su pareja cuál es el nombre de esa persona.

Por supuesto, esto también nos ayuda a recordar los nombres un poco mejor. No se preocupe, esto es algo humano.

Si bien podemos olvidar un nombre inicialmente, cuando nos encontramos con el mismo individuo y necesitamos intercambiar bromas con ellos nuevamente, es más probable que recordemos su nombre porque sentimos que hemos cometido un error y no queremos volver a cometerlo.

La segunda parte es recordar números. Parece que las personas solían recordar mejor los números antes de la creación de teléfonos celulares. Ahora, tendemos a luchar un poco más con esta actividad porque es mucho más fácil agregar los dígitos en su lista de contactos que memorizarlos. Sin embargo, ¿qué sucede cuando deja su teléfono en el automóvil y no tenga un papel y un bolígrafo para anotar el número de una persona que acaba de conocer en una tienda? O bien, está en el supermercado y olvidó lo que su pareja le pidió que comprara y tiene su teléfono móvil en el auto. Por supuesto, puede volver corriendo al estacionamiento, pero ¿qué hará con su carrito lleno de víveres? Puede darle a un extraño su número para que pueda llamarlo en su nombre, pero ¿sabe al menos su número de teléfono celular? Si usted es como muchas otras personas que no están 100% seguras de cuál es su número de celular, es obvio que está prácticamente condenado.

Recordar Nombres

¡Oh, las maravillas de las etiquetas de nombres! ¿Alguna vez ha tenido que estar en un gran grupo de personas y descubre que las etiquetas de nombres fueron de gran ayuda cuando se trata de recordar los nombres de cada persona allí? ¿Recuerda cuándo comenzó su primer día de escuela y que no solo caminaba por la sala para presentarse, sino que también tenía su nombre en su escritorio y tal vez recibió una etiqueta con el nombre para que se la colocaran en la camisa? O puede que haya aprendido sobre los nuevos compañeros de clase de su hijo al mirar sus etiquetas de nombres. Sin embargo, esto no significa que recordará sus nombres cuando los encuentre nuevamente en la obra de la escuela de sus hijos un par de meses después. Es posible que pueda recordar dónde se reunieron y hablaron, que llevaban un traje azul con zapatos azules que hacían juego, pero el nombre pudo haber escapado de su memoria.

También puede recordar algo sobre el carácter de la persona. Por ejemplo, mientras estaban sentados al otro lado de la habitación, podía escuchar casi todo lo que decían debido a su voz fuerte.

Todos estos ejemplos son formas de conectar a alguien con su nombre. El primero se conoce como *Conexión por el Lugar de Encuentro*, mientras que el segundo y el tercer ejemplo se denominan *Conexiones por Apariencia* y *por Personaje*, respectivamente.

Conexión por el Lugar de Encuentro

Cuando se trata de conocer personas en un lugar específico, puede usar este lugar para ayudarlo a recordar sus nombres. Esta es una técnica que utilizará, a veces a través de su mente subconsciente, para crear una asociación automática. Sin embargo, no es indicación de que el subconsciente se volverá consciente cuando lo necesite. Todo esto tendrá lugar automáticamente en su mente. Sin embargo, también puede asociar otro lugar con ciertas personas por voluntad propia. Cuando está mirando una conexión de lugar de encuentro a través de su mente consciente, está tratando de encontrar una manera de asociar el nombre y la cara de la persona con la ubicación en la que se encuentra. Por ejemplo, usted está en el parque y su hija comienza a jugar con otra niña de su edad. Se acerca a la madre de la otra niña y se presenta. Luego descubre que el nombre de la madre es Clarissa, mientras que el de su hija es Alessandra. Mientras habla con la madre, intenta encontrar una forma de recordar sus nombres, así como el lugar donde se conocieron. Piensa en cómo el nombre Clarissa suena como una palabra hermosa y luego lo conecta al parque porque piensa que es un lugar hermoso.

Un par de meses después sale a dar un paseo con su hija y ella comienza a saludar a un par de personas que caminan hacia usted. Reconoce sus caras, pero no recuerda los nombres. Luego comienza a pensar dónde las ha visto antes y recuerda que es en el parque. Aquí es cuando se viene a su mente la palabra "hermosa" y recuerda que el nombre de la madre es Clarissa. A partir de ahí, puede recordar que el nombre de la hija es Alessandra. Para cuando se encuentre con las dos en la acera, ya sabe de nuevo sus nombres.

Esta situación también puede ocurrir inconscientemente. Por ejemplo, a través de su mente inconsciente, puede simplemente colocar las caras dentro del parque y luego recordar los nombres. Esto significa que no pensó en asociar los nombres al parque; en cambio, todo sucedió en su mente mientras conversaba con la madre de Alessandra, Clarissa.

Conexión por Apariencia

Al igual que con la conexión del lugar de encuentro, puede asociar los nombres y las apariencias, ya sea inconsciente o conscientemente. Cuando use la conexión de apariencia, estará conectando una parte de la apariencia física de la persona que le parezca interesante con su nombre.

Cuando las personas usan la conexión de apariencia, tienen cuidado de observar todas las características físicas de la persona. Si bien puede usar algo como lo que lleva puesto la persona, especialmente si realmente se destaca, es más común usar los rasgos físicos, como el color del cabello, los ojos, la sonrisa, etc.

Supongamos, que se dirige a la sociedad histórica local o al museo porque necesita hablar con uno de los empleados sobre la donación de unos documentos antiguos que sus tatarabuelos trajeron cuando inmigraron de Noruega a Estados Unidos. Cuando entra al museo, ve a una chica que está sentada en el mostrador de admisiones. Lo primero que nota sobre ella es que tiene el cabello color violeta. Cuando comienza a explicarle la razón para visitar el lugar, descubre que se llama Valentina y que es la persona a la que le tiene que entregar los documentos. Le dice que traerá los documentos al museo en unos meses cuando vuelva de su viaje. Ella le responde que, cuando los traiga, solo tiene que decirle a quien esté sentado en el mostrador de admisión que necesita verla y que no tiene que pagar la tarifa de admisión si no quiere recorrer el lugar. Entonces, le da las gracias y se retira.

Al regresar al museo después de unos meses, se da cuenta de que no recuerda el nombre de la empleada. Sin embargo, usted sabe que alguien podrá decirle con quién hablar. Cuando ingresa al museo y ve a un hombre sentado en el escritorio de la entrada, recuerda que una mujer con el cabello violeta solía sentarse allí y que su nombre era Valentina.

La conexión por apariencia también puede funcionar

si conoce a alguien en un lugar diferente. Por ejemplo, ha regresado de su viaje pero aún no ha llegado a la sociedad histórica y al museo. Sin embargo, a medida que va de compras, observa a alguien cuya cara le resulta familiar. Ella le sonríe y luego nota su cabello violeta. Entonces recuerda que es Valentina del museo.

Conexión por Personaje

La conexión por personaje funciona como la conexión por apariencia; sin embargo, en lugar de recordar el nombre de alguien debido a sus características físicas, puedes recordar algo especial sobre su carácter. Al igual que las otras formas de conexión, puede suceder inconsciente o conscientemente.

Digamos que conoce a alguien llamado Roger Nelson mientras se encuentra esperando en el supermercado. Comienza a hablar con él mientras esperaba en la fila del cajero, quién intentaba arreglar la caja registradora. Ni usted ni Roger tenían prisa, y no les importaba esperar en absoluto, por lo que permitieron que otras personas entre ustedes avanzaran en las otras cajas registradoras que estaban abiertas y funcionando.

Cuando comienza a hablar con Roger, aprende que estaba enseñando psicología en la universidad local. También descubre que tiene tres hijos que van a la misma escuela que sus hijos. De hecho, su hijo está solo un grado por encima de su hija. A medida que continúan hablando se da cuenta de que Roger está a punto de viajar a Italia. Usted ha estado en Italia, así que comienza a decirle qué lugares debería visitar. A medida que la caja comienza a funcionar nuevamente y él comienza a pagar, descubre que también se acaba de mudar y viene de Londres, Inglaterra, por lo que tiene un acento fuerte.

Unos meses más tarde está en la obra de la escuela de su hija cuando ve a un hombre con un rostro familiar. Él sonríe y comienza a hablar con usted. En ese momento es cuando reconoce su acento. Entonces recuerda que iba a visitar Italia, lo que lo hace darse cuenta de que el nombre de esta persona es Roger. A medida que vuelve toda la información que ha aprendido sobre él, le pregunta sobre su viaje, si está disfrutando de la ciudad y si echa de menos Londres.

En este ejemplo, verá que no tiene que asociar simplemente un nombre con una característica. La verdad es que también puede hacerlo con partes de una conversación completa. De acuerdo a la forma en cómo asocie el nombre a través de una conexión por personaje dependerá de lo que pueda o no encontrar interesante sobre la persona.

Recordar Números

Cuando se trata de números, la persona promedio puede recordar entre cinco a nueve números. Mientras que la mayoría de las personas no tienden a enfocarse en mejorar su memoria con los números, es igual de importante que los nombres. Esto se debe a que los dígitos se encuentran en todas partes de nuestra vida. No solo se encuentran en los números telefónicos, sino también en el hogar, las cuentas bancarias y en las facturas. De hecho, si queremos pagar algo en línea, debe proporcionar los números en su tarjeta de débito o crédito. ¿Con qué frecuencia le han pedido su número de tarjeta de crédito pero no puede darlo de inmediato porque no la tiene con usted? En cambio, debe ir a su habitación para obtener la tarjeta de su billetera.

O está hablando por teléfono con un operador para activar un servicio y necesita proporcionar datos personales, e incluso en este caso, no puede recordarlos y debe ir a su habitación a buscarlos. Si ha estado en la misma situación, sabe lo molesto que es, no solo para usted sino también para la persona en el otro extremo de la línea. Todos tienen sus vidas ocupadas, por lo que cuanto más rápido pueda darle sus datos personales a la persona que llama, más rápido podrá concentrarse en otra cosa. Como se mencionó anteriormente, no debe enfocarse en repetir los números continuamente por un período de tiempo ya que es muy probable que terminen en su memoria a corto plazo. A pesar de que esto funcionaría si decide anotar el número, a menudo puede hacernos sentir que hemos repetido el número lo suficiente como para recordarlo. Sin embargo, cuando llegue el momento y tenga que recordarlo, no será capaz de recuperar todas las partes o inclusive todo el número. Por lo tanto, debe intentar otras técnicas que le permitirán transferir los dígitos de su memoria a corto plazo a su memoria a largo plazo. Esto es algo que debe practicar a menudo para que la información en su mente no comience a decaer en unos pocos meses.

Desde el principio, le haré saber que puede usar el método palabra-pinza rítmico para recordar los números. Debido a que ya hemos discutido esta técnica, no la explicaré nuevamente. Sin embargo, considero que era importante mencionarlo de nuevo porque las personas normalmente usan el método cuando querían recordar dígitos.

Aquí hay algunas otras prácticas que puede intentar.

La Técnica del Viaje

Una de las técnicas para recordar una larga serie de números, como un número de tarjeta de crédito o un número de cuenta, es el *Método del Viaje*. Esto es similar a crear un palacio de memoria. Sin embargo, en lugar de usar una habitación, es más probable que emprenda un viaje. Por ejemplo, si maneja durante media hora para trabajar cinco días a la semana, puede decir que este es su viaje.

Comenzará observando el camino minuciosamente por la mañana, por lo que será consciente de todos los puntos de referencia en su camino. Desde allí, podrá asociar un número con cada punto de referencia. Esta técnica combina el flujo narrativo del Método de la Vinculación y la estructura y el orden de los sistemas de la palabra-pinza en un sistema muy poderoso.

Esta técnica es útil cuando toma la ruta frecuentemente porque puede recordar bien las asociaciones. Además de esto, comenzará a ser más consciente de su entorno mientras conduce hacia y desde el trabajo.

Método de Formas Numéricas

Hay un par de maneras para usar el *Método de Formas Numéricas*. Si bien el factor principal es que desea asociar un número con una letra, puede decidir qué forma tomarán los números. Por ejemplo, debido a que el número 5 parece una S, muchas personas tienden a vincular los dos entre sí. Sin embargo, cuando se trata del número 1, puede elegir entre T y D. Por supuesto, también puede decidir asociar la L con el número 1. Con tantas coincidencias a elegir, es posible que desee anotar la lista.

Dado que hay formas limitadas, a muchas personas les gusta asociar los números con las formas de las letras. Sin embargo, también puede optar por crear una lista de formas y asociarlas con números. Por lo general, debe hacer coincidir los primeros 9 números más el 0 (cero) con las formas porque puede simplemente duplicar las formas si tiene un número doble. Si 0 es un círculo y 4 es una estrella, por ejemplo, para decir 40, puede juntar la estrella y el círculo.

A otras personas les gusta asociar los números con las letras porque hay 26 letras y 9 números de un solo dígito. Esto significa que puede vincular más de una letra a un número. En general esto ayuda a las personas a recordar palabras clave o frases. También utilizarán este sistema para recordar partes de una historia que han escuchado en el pasado. Por ejemplo, puede hacer que la palabra BESO diciendo que el 8 parece una B, el 3 parece una E, el 5 parece una S y el 0 parece una O.

11. Continúe Construyendo Su Memoria

La memoria fotográfica no es un don con el que nació. Nació con su base de datos de memoria, pero necesita usar las reglas mnemotécnicas para mejorarla. Además, la memoria fotográfica es similar al uso de un músculo. Si no continúa usándolo, es posible que se atrofie más pronto que tarde.

Por lo tanto, es importante asegurarse de continuar construyendo su memoria a través de diferentes métodos.

Con frecuencia, esta es la razón por la cual las personas comienzan con estrategias básicas y luego pasan a estrategias más avanzadas. Están aumentando lentamente su memoria fotográfica en lugar de obligarla a desvanecerse lo más rápido posible.

Recomendaciones para Ayudarlo a Ser más Exitoso

Existen muchos factores que lo ayudan a mejorar su memoria fotográfica. No solo necesita utilizar los métodos, sino que también debe conocer cierta información sobre cómo tener éxito a medida que los usa. Para esto son estos consejos. Están aquí para su beneficio, para que pueda alcanzar su máximo potencial a medida que mejora su memoria fotográfica.

Mantenerse Concentrado

Uno de los mayores problemas para las personas que están trabajando en mejorar su memoria fotográfica es que no pueden mantenerse concentradas. Permiten que su mente divague mientras intentan trabajar en las técnicas o recordar información. Peor aún, pueden incluso comenzar a aburrirse con un cierto método.

A veces, debe darse cuenta que si comienza a perder el interés con una técnica, no debe enfocarse en ella. Su concentración puede estar sufriendo porque no está interesado en esa técnica. Esta es la mejor parte de tener varios métodos a disposición, de hecho podemos escoger los más interesantes y elegir cual funciona para nosotros.

Otra razón por la que probablemente se le dificulte mantenerse concentrado es porque ha trabajado o practicado con la misma técnica durante mucho tiempo. A pesar de que es bueno entrenarse, debe asegurarse de no hacerlo con demasiada frecuencia. De hecho, algunas personas sugieren que debería tomarse el tiempo todos los días para enfocarse en mejorar su memoria, pero no desea exagerar. Si se concentra demasiado en una sola técnica, entonces comenzará a sentirse cansado y abrumado y perderá el interés en ella. Más adelante, esto puede hacerlo sentir que no debería intentar mejorar su memoria del todo. Para evitar este problema debe tomar todo con calma y tomar un descanso cada vez que tenga que hacerlo.

El mayor problema que puede tener con un descanso, generalmente se presenta si está en medio de la creación de un palacio de la memoria. La mayoría de las personas le dirá que no lo interrumpa cuando lo esté haciendo porque lo más probable es que necesite comenzar de nuevo. Dependiendo de qué tan fuerte sea su memoria, es posible que pueda tomar un descanso en el medio y luego comenzar de nuevo una vez que tenga más energía para terminar su palacio de memoria. Sin embargo, si tiene dificultades para crear uno desde el principio, no tiene más remedio que completarlo sin interrupción.

En realidad, la decisión depende de lo que quiera hacer. Un factor a tener en cuenta es si podrá recordar la creación de su palacio mental cuando está luchando por mantenerse concentrado. Si piensa que le será difícil tenerlo en la mente cuando regrese para recuperar la información, entonces deje de enfocarse en él y déjelo ir de inmediato. En caso de que no quiera darse por vencido, siempre puede tomarse el tiempo para escribir la información por la que ha pasado. Puede ayudarlo a recordar cosas cuando decida regresar para terminar su palacio de la mente.

Dedique un Tiempo Cada Día

La única forma en que realmente mejorará su memoria fotográfica es si se toma el tiempo todos los días para trabajar en su memoria. Recuerde, debe centrarse en construir su memoria lentamente, ya que esto le permitirá recordar la información que previamente ha almacenado en su mente y lo ayudará a sentirse más cómodo cuando comience el proceso de construcción de la memoria.

Al mismo tiempo, cuanto más intente forzarse a aprender a un ritmo rápido, es menos probable que pueda recordar algo. Piense cómo estudió alguna vez para sus exámenes en la escuela. Si estudiaba bajo presión, probablemente no recordaba bien sus lecciones, incluso si intentaba memorizar algunas de ellas. Lo mismo es cierto cuando intenta abarcar muchas técnicas de memorización en un corto período de tiempo en lugar de aprenderlas de una forma lenta pero constante.

No se Permita Procrastinar

Una de las principales claves para asegurarse de que puede mejorar su memoria fotográfica a través de estas técnicas es evitar procrastinar. Desea ser eficiente, especialmente si está utilizando alguna de estas técnicas para memorizar cualquier información que aparezca en su examen. Después de todo, cuando procrastina, necesitará aprender cosas rápidamente y en poco tiempo. Entonces sentirá que se está obligando a memorizar mucha información en su cerebro, lo cual, como se indicó anteriormente, no es lo que debería estar haciendo.

Además, cuando procrastina, sentirá que todo su trabajo se está acumulando. A pesar de que solía tener suficiente tiempo para aprender todo, debido a la procrastinación, ahora se siente estresado. Como probablemente recuerde, el estrés afectará negativamente su memoria, especialmente si es crónico. Hay algunas personas que pueden funcionar bien durante los exámenes cuando solo se enfrentan al estrés agudo. Desafortunadamente, muchas personas viven vidas tan ocupadas y tienen tantas cosas que se encontran estresadas naturalmente. Por lo tanto, cuando agregamos algo más a la mezcla, solo nos estresaremos más de lo habitual.

Descubra las Técnicas para Concentrarse Mejor

Si bien ya hemos hablado sobre la necesidad de mantenerse enfocado, es hora de hablar sobre las cosas que le permitirán hacerlo realidad. Sin embargo, encontrar las técnicas para asegurarse de mantenerse concentrado puede ocurrir si tiene o no problemas para enfocarse. Por ejemplo, muchas personas pueden concentrarse más si pueden escuchar ruido de fondo. Si ese es el caso, puede colocar música de fondo cuando se encuentre trabajando ya que esto lo motivará a completar un proyecto. Al mismo tiempo, otras personas sienten que no pueden hacer esto ya que los sonidos interfieren con su habilidad de recordar las cosas. Por lo tanto, en este caso, la música puede no ser la mejor herramienta de concentración para usted. Luego puede encontrar otra técnica para mantener su enfoque, como caminar o anotar información, meditar o quedarse solo en un lugar.

Permanecer Siempre en Control

Hay momentos en que sentimos que estamos perdiendo el control. Cuando esto sucede, podemos comenzar a sentir el caos dentro de nuestras cabezas. Esta situación no es buena cuando intenta aprender las técnicas para mejorar su memoria fotográfica. Si su mente no está estructurada y organizada, es posible que no pueda recordar toda la información que ve. Esto lo hará sentir más frustrado a medida que intente memorizar cosas usando diferentes técnicas, lo que puede dar lugar a otros problemas. Por lo tanto, cuanto más sienta que tiene el control, más éxito podrá tener al recordar las cosas.

Practicar la Autodisciplina

Muchas personas olvidan la diferencia entre disciplina y autodisciplina, que a menudo es la razón por la que no recuerdan ser autodisciplinados cuando se trata de su estilo de vida. Sin embargo, este es uno de los consejos más importantes que encontrará en este capítulo.

Cuando intenta enseñarse la autodisciplina, tratará de comportarse de una cierta forma. Por ejemplo, si quiere a apartar el tiempo todos los días para practicar sus técnicas de memorización fotográfica, debe decirse a sí mismo que tiene que hacer esto. Aún si está cansado o no está interesado en practicar sus habilidades para recordar por 5 o 10 minutos, lo hará de todas formas porque ya se ha condicionado para hacerlo.

Cuando se trata de la autodisciplina, hay muchos pasos importantes que debe seguir para dominarla. Por ejemplo, puede mirar esta lista como una serie de pasos que debe completar o verlos como consejos que pueden guiarlo hacia su meta de convertirse en una persona autodisciplinada. Independientemente de lo que decida hacer, es importante que sepa que una vez que comience el proceso de autodisciplina, notará un cambio a lo largo del día. Después de todo, la autodisciplina no solo se enfocará en sus técnicas de memorización, sino también en otros factores dentro de su vida, como hacer ejercicio, comer bien y levantarse a la hora que configure su alarma.

1. Asegúrese de tener una meta o visión en mente

Desea saber exactamente hacia que está trabajando, por lo que debe asegurarse de conocer las técnicas de autodisciplina que pueden ayudarlo a mejorar su memoria. Puede estar haciendo esto para su uso diario, para ayudarlo a disminuir sus posibilidades de contraer una enfermedad, o porque desea unirse a una competencia de memoria. Cualquiera que sea su meta, debe tener algo por lo que trabajar; de lo contrario, su esfuerzo puede perderse en el camino.

2. Intente desarrollar la autodisciplina con un amigo o miembro de la familia

Hay altas posibilidades de que conozca a otra persona que necesite mejorar su autodisciplina. Es más probable que continúe trabajando hacia algo si tiene a alguien que esté haciendo lo mismo a su lado. También es menos probable que pierda el interés si puede convertir esto en algún tipo de competencia con un ser querido. Sin embargo, si no hay nadie con quien pueda hacerlo, puede establecer objetivos diarios que debe cumplir antes de pasar al siguiente.

3. Comprométase al 100% en desarrollar su autodisciplina

Es muy típico que a una persona se le ocurra una idea, piense que es genial y quiera lograrla, pero luego se dé cuenta de que esta idea no es algo que realmente le interese. Debido a esto, no estará comprometido con la tarea que ha comenzado.

A veces, puede intentar continuar trabajando en ello, pero una vez que comienza a sentirse forzado, puede darse cuenta de que no desea trabajar ella en lo absoluto.

Otras veces, se encontrará tomando un descanso y luego olvidando lo que ya ha hecho, por lo que debe comenzar de nuevo. No obstante, debido a que no está comprometido, no está seguro de lo que quiere hacer.

Antes de comenzar a trabajar para desarrollar su autodisciplina o mejorar su memoria fotográfica, debe asegurarse de que está completamente comprometido con la tarea. A estas alturas, ya ha leído la mayor parte de este libro y probablemente ya haya decidido cuál es su compromiso, así que adhiérase a ello.

4. Recuerde que mientras más fiel sea en su compromiso para lograr sus metas más querrá alcanzarlos

Muchas personas no piensan en ser responsables por sus acciones. No obstante, si lo hace, especialmente cuando se enfoca en desarrollar su autodisciplina, es más probable que cumpla las tareas que se ha propuesto.

Ahora tiene todas las herramientas necesarias para ser responsable de sus acciones. Todo lo que necesita hacer es utilizarlas. Ser responsable de sus acciones es una excelente forma de demostrar esto. También puede hacerse responsable estableciendo un sistema de recompensas.

Por ejemplo, si completa la tarea que se estableció ese día, puede ver una buena película. En caso de que no lo haga, debe evitar incluso iniciar sesión en la plataforma.

12. La Práctica Hace al Maestro

Puede pensar en este capítulo como un extra para ayudarlo a comenzar con un par de técnicas. Lo guiaré a través de un par de ellas que aún no hemos discutido oficialmente. Espero que, a través de este capítulo, pueda comenzar a mejorar su memoria fotográfica a su propio ritmo.

Ejercicio #1: Recordar Nombres

Lea la siguiente historia y use las tres técnicas de conexión - lugar de encuentro, personaje y apariencia - para recordar el nombre del presentador.

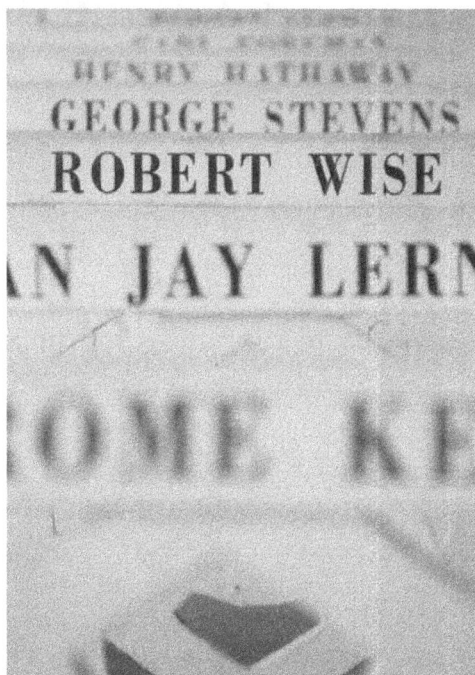

A Donnie se le hacía tarde cuando llegó al edificio para la presentación. Estaba allí en nombre de su supervisor. Si bien Donnie nunca había conocido al presentador, su supervisor era un buen amigo de él. Como Donnie llegaba tarde a la cita, no tuvo interés en un folleto de información junto a la puerta, que podría haberle mostrado el nombre del presentador. Entró en la habitación y se sentó en silencio mientras la presentación ya estaba comenzando. Cuando terminó, Donnie tomó su turno para encontrarse con el presentador. No obstante, lo primero que notó fue que el hombre estaba vestido con un traje marrón y medias azules. Donnie también vio que el presentador tenía un anillo de labios y un gran anillo de bodas en su dedo.

"Tú debes ser Donnie"; dijo el presentador con un notorio acento de neoyorquino. "Yo soy Fred Matthews. Es un placer conocerte." Donnie sonrió y habló brevemente con Fred antes de irse de vuelta al trabajo.

Ejercicio #2: Palacio de la Memoria

Para este ejercicio, se enfocara en crear un palacio

de la memoria. Por supuesto, si ya creó uno y no se siente a gusto con la idea, no es necesario hacer este ejercicio de inmediato. Sin embargo, aún debe intentar hacer este ejercicio cuando esté listo para crear su próximo palacio de memoria.

En este punto, se va a enfocar en una habitación en su hogar. También hará una lista de las técnicas que puede usar para mejorar su memoria fotográfica. Podrá asociar palabras claves con un elemento en su palacio de la mente. Por ejemplo, si quiere ser más paciente porque sabe que tendrá problemas con un proceso lento y constante, entonces su palabra clave puede ser "paciencia". Si necesita limitar su estrés, entonces puede usar "estrés" como palabra clave.

Antes de comenzar, escriba su información. Esto le ayudará a asegurarse de que está usando un cierto orden, tal vez del más importante al menos importante. También debe escribir las palabras clave para que no tenga que pensar en todo esto al pasar al siguiente elemento en su palacio de memoria.

Técnica Adicional: El Enfoque Basado en la Emoción

A estas alturas ya sabe que las emociones son una gran parte del proceso para recordar la información. Después de todo, es más probable que nuestro cerebro almacene datos cuando están anclados a los sentimientos. Sin embargo, esto no significa que tiene que adherir sus emociones a cada información que retener en su banco de la memoria. Existe una técnica que muestra cuán importantes son las emociones cuando se trata de nuestra memoria.

Para anclar una emoción a algunos detalles, debe realmente sentirla. Por ejemplo, cuando está pensando en una situación debe experimentarla. Al mismo tiempo, debe recordar que su cerebro no realiza tareas múltiples tan bien como muchas personas piensan. Es mucho mejor para su memoria si se enfoca solo en una pieza de información a la vez. De esta manera, será capaz de hacer una mejor conexión que cuando intenta sentir la emoción.

Ahora, voy a darle una historia llena de emociones. A medida que la lea, quiero que se ponga en sintonía con sus propios sentimientos. Imagine como se sentiría si fuera la chica de la historia. También debe imaginar cómo se ve, cuáles son sus expresiones faciales y cuáles son sus modales, entre otras cosas. Piense en ello como una película en su mente, ya que esta idea lo ayudará a ponerse en contacto con sus emociones más fácilmente.

Había pasado más de una década desde que Alessandra estuvo parada en la puerta de la casa de campo de sus abuelos. Le permitió a su mente divagar en la época cuando tenía 15 años y guardaba su instrumento de la banda. Mientras Alessandra colocaba su clarinete en el estante, escuchó a la secretaria de la escuela decir por el intercomunicador, "Sr. Cardinale, ¿podría enviar a Alessandra a la oficina?"

Alessandra saludó a su maestra mientras caminaba hacia la oficina. Todo el tiempo, se preguntó que había hecho. Alessandra era una buena chica y casi nunca se había metido en ningún problema. Cuando dobló hacia la esquina del pasillo, vio a su madre parada justo afuera de la oficina del director. Estaba a punto de preguntar qué sucedió cuando su madre le dijo con lágrimas en los ojos: "Tienes que volver a casa, tu abuelo sufrió un ataque al corazón y está en el hospital".

Alessandra se quedó allí parada por unos segundos, tratando de encontrar palabras. Lo único que se le ocurrió decir fue: "¿Abuelo?"

Su madre asintió mientras Alessandra repetía esa palabra en su cabeza. Lentamente caminó de regreso a su casillero para agarrar su mochila la escuadra y el compás. Alessandra se decía a sí misma que había sido su abuela la que había estado enferma todos estos años. ¿Cómo podría su abuelo, que parecía saludable, tener un ataque al corazón? Además, él todavía era joven. Tenía solo 68 años.

La semana siguiente, el abuelo de Alessandra falleció. Ahora, 12 años después, Alessandra regresó a la casa. No había estado allí desde unos meses después de que su abuelo murió y su familia vino a recoger los muebles para una subasta. Pasó los dedos sobre una grieta en un viejo gabinete de madera. Luego dio un par de pasos más dentro de la casa. Lo primero que pudo recordar fue cómo su abuelo tocaba la guitarra en su habitación de arriba, pero se escuchaba por toda la casa. Alessandra sonrió al recordar que subió los sólidos escalones hacia su habitación y se sentó a su lado en la cama mientras él le cantaba una tonta canción.

Luego Alessandra miró dónde solía estar la mesa del comedor en la cocina. Recordó que siempre tenían un gran banquete los domingos. Todos venían entonces ya que había bruschetta, pasta, pollo, aderezos, papas rostizadas, apio, salsas picantes. Respiró profundo casi pudiendo saborear la comida.

Alessandra continuó caminando por la casa. A veces, se detenía y pensaba en algunos recuerdos de su infancia. Otras veces, ella miraba cuánto había cambiado el lugar, especialmente todas las botellas de alcohol vacías de cuando las personas había festejado allí. Ella comenzó a recogerlas hasta que notó la habitación en la esquina. Desde que Alessandra era pequeña, nunca le gustó el armario de esa habitación. Si bien quería entrar por solo un minuto, tampoco quería ver ese armario. Alessandra nunca entendió por qué ese armario la hacía sentir incómoda. De cualquier manera, quería concentrarse más en recoger todas las botellas vacías porque no pertenecían a la casa de su abuelo.

Sin embargo, cuando recogió una botella, Alessandra se dio cuenta de que ya no importaba. Si bien este lugar todavía pertenecía a su madre, también era una casa de fiesta, le gustara o no. No importa cuántas botellas de cerveza recogiera, ella continuaría encontrando más cuando volviera a visitarla.

Cuando Alessandra regresó a su auto, echó un último vistazo a la casa y al patio. Vio el viejo *columpio y sonrió. "Tuve una infancia maravillosa", se dijo antes de irse.*

Conclusión

Existe un gran debate en el campo de la psicología sobre si la memoria fotográfica existe o no. Algunas personas afirman que no porque manipulamos nuestra mente en recordar ciertas cosas con diferentes estrategias. Otras tienden a confundirse con la memoria eidética, aunque es un problema más común entre niños que en adultos (Foer, 2016). Sin embargo, muchas personas dicen que la memoria fotográfica existe y que simplemente no se entiende correctamente. Después de todo no funciona como observar una fotografía. En cambio, debe usar técnicas para recordar cualquier cosa que ya esté en su banco de memoria. No obstante, ahora que ha aprendido una variedad de estrategias para aumentar su memoria fotográfica, es hora de que decida usted mismo: ¿existe o no memoria fotográfica?

A través de las técnicas básicas y avanzadas que

aprendió en este libro, debería poder mejorar su memoria. Es posible que no encuentre que esto es cierto de inmediato. También puede tomar un poco de tiempo entender completamente y usar las ideas de forma natural. A pesar de eso, con paciencia y determinación, podrá superar cualquier problema y comenzar a mejorar su memoria.

No solo aprendió sobre qué es la memoria, sino que también observó las tres fases de la memoria y cómo podría interrumpirse el proceso de la memoria. Al mismo tiempo, aprendió sobre los diferentes tipos de memoria, con un enfoque especial en la memoria fotográfica. Por supuesto, fue capaz de hacerse una idea de qué tipo de beneficios le brindará la memoria fotográfica porque, como muchas personas saben, siempre querrá comprender por qué debe trabajar para lograr algo. Las razones descritas en este libro, como ser capaz de desempeñarse mejor académicamente, aumentar su confianza, volverse más consciente y recordar mejor la información específica son sólo algunas por las que debe construir su memoria fotográfica.

Las mejoras en el estilo de vida también son otra forma de trabajar para mejorar su memoria. De hecho, cuando logra dormir lo suficiente y hacer ejercicio, crear su propio palacio de la memoria se vuelve más fácil de lo que piensa. Junto con esto, también sabe cómo crear su propio mapa mental y comprender cómo funcionan las mnemotécnicas. Este es un gran comienzo para asegurarse de que comprende las técnicas básicas y avanzadas que se analizan en este libro, desde el principio SEE hasta el método basado en la emoción.

Es importante que sepa que su aprendizaje no se detiene aquí. De hecho, puede continuar construyendo su memoria a través de mis próximos dos libros en esta serie. El segundo libro llamado *Entrenamiento de la Memoria* se centra en el entrenamiento cerebral y los juegos de memoria. Luego, sigue el tercero, que se conocerá como *Mejora de la Memoria*. Este último se concentra en los hábitos saludables que puede implementar en su vida para construir su memoria. Sin embargo, debido a que este es el primer libro de la serie, desea tomarse su tiempo para comprender al menos algunas de las técnicas mencionadas en los capítulos anteriores.

Además, es posible que haya algunos - como el método del automóvil o la técnica de vinculación - que no le gusten solo porque no encajan con su personalidad. Aun así, recuerde que nunca debe dejar de mejorar su memoria. Incluso si se encuentra participando en una competencia de memoria alrededor del mundo, quiere seguir teniendo la mejor memoria posible. Esto no solo lo ayudará a recordar una variedad de información a lo largo de su vida, sino que también podrá disminuir sus posibilidades de desarrollar trastornos cognitivos, como la demencia y la enfermedad de Alzheimer.

Su cerebro es una de las partes más importantes de su cuerpo. Por lo tanto, debe hacer todo lo posible para mantenerlo activo y saludable. Al hacerlo, puede lograr más cosas, sentirse más energizado y mejorar su bienestar mental y físico.

Desde mi punto de vista, no hay nada negativo en tomar al menos 15 minutos de su día para asegurarse que está haciendo todo lo posible para permitir que su cerebro siga funcionando al máximo.

Tener una memoria fotográfica desarrollada es una habilidad única que le dará una ventaja sobre todas las personas que lo rodean.

UPGRADE YOUR MIND -> zelonimagelli.com

UPGRADE YOUR BUSINESS -> zeloni.eu

EDOARDO ZELONI MAGELLI

ENTRENAMIENTO DE LA MEM⬤RIA

Juegos de Memoria y Entrenamiento del Cerebro
para Prevenir la Pérdida de Memoria

Entrenamiento Mental para Mejorar la Memoria
y la Concentración y Agudizar las Funciones Cognitivas

EDOARDO
ZELONI MAGELLI

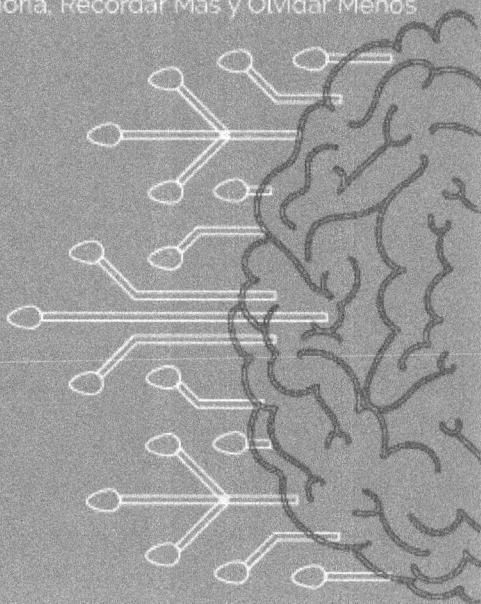

EDOARDO ZELONI MAGELLI

MEJORA DE LA MEM●RIA

El Libro de la Memoria
para Mejorar y Aumentar el Poder del Cerebro

Alimentos para el Cerebro y Hábitos Saludables
para Mejorar la Memoria, Recordar Más y Olvidar Menos

EDOARDO
ZELONI MAGELLI

Referencias Bibliográficas

Alban, D. (2018). *36 Proven Ways to Improve You Memory*. Retrieved from https://bebrainfit.com/improve-memory/

Beasley, N. (2018). *Difference Between Eidetic Memory And Photographic Memory*. Retrieved from https://www.betterhelp.com/advice/memory/difference-between-eidetic-memory-and-photographic-memory/

Boureston, K. (n.d.). *How to Develop a Photographic Memory: The Ultimate Guide*. Retrieved from https://www.mantelligence.com/how-to-develop-a-photographic-memory/

Buzan Tony, Buzan Barry (2018). *Mappe mentali. Come utilizzare il più potente strumento di accesso alle straordinarie capacità del cervello per pensare, creare, studiare, organizzare*

Foer, J. (2016). *Slate's Use of Your Data*. Retrieved from https://slate.com/technology/2006/04/no-one-has-a-photographic-memory.html

Friedersdorf, C. (2014). *What Does it Mean to 'See With the Mind's Eye?'*. Retrieved from https://www.theatlantic.com/health/archive/2014/12/what-does-it-mean-to-see-with-the-minds-eye/383345/

Improve Your Memory With a Good Night's Sleep. (n.d.). Retrieved from https://www.sleepfoundation.org/excessive-sleepiness/performance/improve-your-memory-good-nights-sleep

Kubala, J. (2018). *14 Natural Ways to Improve Your Memory.* Retrieved from https://www.healthline.com/nutrition/ways-to-improve-memory

Lerner, K. (n.d.). *Hook Line & Sinker - Secrets to a Great Memory Hook.* Retrieved from https://www.topleftdesign.com/blog/2009/11/hook-line-sinker-secrets-to-a-great-memory-hook/

Mcleod, S. (2013). *Memory, Encoding Storage and Retrieval.* Retrieved from https://www.simplypsychology.org/memory.html

Memory Process - encoding, storage, and retrieval. (n.d.). Retrieved from http://thepeakperformancecenter.com/educational-learning/learning/memory/classification-of-memory/memory-process/

Memory Techniques - Association, Imagination and Location. (n.d.). Retrieved from https://www.academictips.org/memory/assimloc.html

Method of Loci - Increase Memory Using your Home's Map. (2011). Retrieved from https://www.mind-expanding-techniques.net/memory-strategies/method-of-loci/

Mind Mapping - How to Mind Map. (n.d.). Retrieved from https://www.mindmapping.com/

Mind Mapping Basics. (n.d.). Retrieved from https://simplemind.eu/how-to-mind-map/basics/

Mohs, R. (n.d.). *Improving Memory: Lifestyle Changes.* Retrieved from https://health.howstuffworks.com/human-body/systems/nervous-system/improving-memory1.htm

Negroni, J. (2019). *How to Memorize More and Faster Than Other People.* Retrieved from https://www.lifehack.org/articles/productivity/how-memorize-things-quicker-than-other-people.html

Pinola, M. (2019). *The Science of Memory: Top 10 Proven Techniques to Remember More and Learn Faster.* Retrieved from https://zapier.com/blog/better-memory/

Qureshi, A., Rizvi, F., Syed, A., Shahid, A., & Manzoor, H. (2014). *The method of loci as a mnemonic device to facilitate learning in endocrinology leads to improvement in student performance as measured by assessments.* Retrieved from https://www.ncbi.nlm.nih.gov/pmc/articles/PMC4056179/

Step 3: Memory Retrieval | Boundless Psychology. (n.d.). Retrieved from https://courses.lumenlearning.com/boundless-psychology/chapter/step-3-memory-retrieval/

The Good And Bad Things. (n.d.). Retrieved from https://photographic-memory-science.weebly.com/the-good-and-bad-things.html

The Journey Technique: – Remembering Long Lists. (n.d.). Retrieved from https://www.mindtools.com/pages/article/newTIM_05.htm

The Study of Human Memory. (n.d.). Retrieved from http://www.human-memory.net/intro_study.html

Types of Memory. (n.d.). Retrieved from https://learn.genetics.utah.edu/content/memory/types/

Types of Memory | Boundless Psychology. (n.d.). Retrieved from https://courses.lumenlearning.com/boundless-psychology/chapter/types-of-memory/

Wik, A. (2011). *How To Remember Anything Forever with Memory Hooks.* Retrieved from https://roadtoepic.com/remember-anything-forever-with-memory-hooks/

www.ingramcontent.com/pod-product-compliance
Lightning Source LLC
Chambersburg PA
CBHW070927030426
42336CB00014BA/2566